# VICTORIA EN LA CRUZ

# VICTORIA EN LA CRUZ

Joseph Danschin

Letra Minúscula

Segunda edición: julio de 2019
ISBN: 978-0-692-12771-1
Copyright © 2019 Joseph Danschin
Editado por Letra Minúscula
www.letraminuscula.com
contacto@letraminuscula.com
Impreso en EE. UU – Printed in the EE. UU.
Library of Congress Control No: TXu 2-099-523
Categoría: Vida Cristiana / Crecimiento Espiritual

La tinta que utilizamos no lleva cloro y el tipo de papel interior no lleva ácido. Ambos productos los suministra un proveedor certificado por el Consejo de Administración Forestal (FSC, Forest Stewardship Council). El papel está fabricado con un 30 % de material reciclado de residuos.

# ÍNDICE

# GRATITUD

Agradezco la adquisición de este libro. Con su compra te haces parte de un noble propósito. Así, tú y yo podremos ayudar a las misiones cristianas de Centroamérica, Suramérica y el Caribe. Me gustaría conocer el concepto de esta obra después de que la leas. Agradeceré que dejes un comentario en Amazon. De hecho, tu opinión es importante y aporta motivación para seguir trabajando en la literatura cristiana. Gracias por conceder tu precioso tiempo.

¡Bendiciones!

# RECONOCIMIENTOS

Doy gracias eternamente al que me favoreció con la *Victoria en la cruz*, a Cristo Jesús, nuestro Señor, cuyo propósito de la cruz es la esperanza de salvación y de vida eterna.

Debo también reconocer a mis guías espirituales Juan Eduardo Pérez y Ana Victoria Pérez, mentores en mi formación cristiana.

A Letra Minúscula, por mejorar la obra, hasta convertir este libro en lo que es.

A Yanira Montanari, por corroborar con sus acertadas observaciones y consultas.

## COMENTARIO A PARTIR DEL LIBRO

Recomiendo la lectura de este libro, como libro de estudio, porque nos lleva a profundizar y escudriñar la gloria y la victoria en la cruz lograda por Jesucristo en el ámbito espiritual.

Para los romanos, la muerte en el madero era la forma de declarar maldita a la persona que muriera así. Era el método que se aplicaba a los más despreciables de la sociedad, y mi Señor Jesús escogió morir de la manera más dolorosa, brutal, cruel y vergonzosa como símbolo de amor y obediencia.

Por medio de la muerte de Cruz, mi Padre Celestial me mostró su amor y compasión, colocando a su hijo amado Jesucristo en el lugar que a mí me correspondía.

Doy gracias a Dios por el conocimiento y capacidad que ha dado al ministro Joseph Danschin, para poder explicar de manera profunda y detallada la victoria que logró nuestro amado Jesús en la cruz, para cada uno de los que lo reciban en su corazón como su único Señor y Salvador.

Yanira Montanari
Sierva de Jesucristo
Presidenta-Editora de *Renacer La Revista Cristiana*

# PREFACIO

*Victoria en la cruz* es un libro que nos enseña cómo alcanzar la victoria y ser un vencedor en la vida, con abundancia de material bíblico, como siempre lo hace. Es en Cristo, por Él y para Él, que el hombre puede encontrar todo lo que necesita para ser salvo y vencer, y no solo para vencer, sino para ser más que un vencedor. Su lectura lo bendecirá y le enseñará cómo obtener la salvación más la seguridad de que con Cristo todo lo podemos enfrentar y conquistar.

Gracias, hermano Joseph Danschin, por otro hermoso libro que, estoy seguro, bendecirá la vida del que lo lea.

Juan Eduardo Pérez
Pastor principal de la
Iglesia Cristiana La Gloria de Dios Internacional

# INTRODUCCIÓN

La historia de la Biblia es la historia de Jesucristo crucificado, lo que significa que la totalidad de la palabra de Dios está dirigida a enseñar y exhortar a la humanidad la manera de cómo vivir para Dios. Observando desde la perspectiva del Antiguo Pacto, encontramos que fue escrito para crear una expectación del Cristo, como también para preparar su advenimiento. Es dada así porque narra no solo la historia de la nación hebrea sino en gran parte de eventos y necesidades de sus propios tiempos. A través de todo el relato, se mantiene la expectación y la anticipación de la venida de una sola persona majestuosa que reinará y hará una obra grande y maravillosa en la tierra. Esta persona, mucho antes de su venida, llegó a ser conocida como el Mesías. Las profecías de su venida constituyen la perspectiva mesiánica del Antiguo Testamento. Tal perspectiva es la continuación dorada que compenetra y unifica sus muchos y diversos libros en una sola unidad sorprendente.

Si se observa en Isaías —el libro profético mesiánico por excelencia, en lenguaje no sobrepasado en ninguna literatura—, el profeta se extasía sobre las glorias del reino del Mesías: un niño que nacerá en la familia de David, cuyo nombre será llamado «Admirable, Consejero, Dios Fuerte, Padre Eterno, Príncipe de Paz», se sentará sobre el trono de David y su gobierno no tendrá término. Su ministerio será en Galilea (1-2). Este niño no puede ser otro sino el Rey

Joseph Danschin

Eterno prometido a la familia de David; la misma persona llamada siglos antes Siloh, la Estrella y el Profeta como Moisés (Isaías 9:1-7).

Más adelante, siguiendo la secuencia de este libro, en Isaías (53) se describe la causa y propósito de sus dolores. Aquí se le llama al glorioso Rey venidero el Siervo de Dios. Ha de ser varón de dolores, llevado como cordero al matadero, para morir en expiación por el pecado con los impíos y ser sepultado con los ricos. El hecho más sobresaliente en las profecías acerca del Rey es que ha de padecer. Así, se indica detalle por detalle a lo anterior anunciado en Isaías (53).

Es así como las Escrituras reflejan la verdad acerca de Dios, la humanidad y la eternidad. Entonces podemos confiar de manera racional que Dios es un Dios de propósitos. Dios no hace nada sin un propósito y todo propósito está alineado a su voluntad, que es buena, agradable y perfecta (Romanos 12:2). Por eso nunca cuestione lo que pasa en su vida, en Dios no hay casualidades o accidentes, Él tiene control de todo y en ese todo está su propósito.

Dios siempre nos amó, nos ama y siempre nos amará. Esto implica que el amor de Dios es totalmente incondicional. Entiéndase en otro modo: a los que Dios llama no hay nada que detenga ese llamamiento. Su Hijo amado Jesucristo tuvo ese llamamiento.

Dios todo lo hace por amor. La cruz del Calvario fue la gran demostración del amor de Dios para la humanidad. Sin embargo, personas lo vieron y lo analizaron a través de los sentimientos, por eso Pedro le dijo: «Señor, no vayas a la cruz, quédate con nosotros». Expresado de otra manera, significa: «No mueras, si te tenemos aquí presente, ¿por qué vas a morir?», y Jesús le respondió: «Apártate de mí, Satanás», con lo que afirma que su nacimiento sucedió para ese propósito: su muerte.

Este propósito, entendemos entonces, era la crucifixión. Si este acontecimiento no hubiese sucedido, la historia aún estaría por contarse. Es necesario comprender el significado de la cruz y aceptar que se dieron cambios importantes y relevantes después de ese evento. De manera que Cristo cambió muerte por vida, cambió maldición por bendición, precisamente en la cruz. En un solo instante cambiarían todas las cosas, ya que ese era el propósito de su venida. Su muerte y crucifixión nos posiciona como endeudados y agradecidos, pero más aún por su resurrección.

Quien busca honestamente la verdad, merece obtener respuesta a su inquietud. Como cristianos y nuevo testamentarios, Dios nos ha encomendado un propósito: ofrecer razón a la humanidad de nuestra fe en Jesucristo. De hecho, el apóstol Pedro nos exhorta lo siguiente: «[…] santificad a Dios el Señor en vuestros corazones, y estad siempre preparados para presentar defensa con mansedumbre y reverencia ante todo el que os demande razón de la esperanza que hay en vosotros» (1 Pedro 3:15).

Han transcurrido veinte siglos desde que Cristo fue clavado en la cruz en el monte Calvario y lo situaron entre dos ladrones mientras agonizaba. Sus verdugos apostaban por el único bien que poseía en la tierra: sus vestidos. Cuando murió, lo bajaron y lo pusieron en una tumba prestada. Sin embargo, hoy en día es la coronación victoriosa de la humanidad. Jesucristo es el líder y el Señor adorado por multitudes que habitan la tierra, los que alcanzaron salvación por su sangre derramada en la cruz en aquel lugar llamado Gólgota.

Aún quedan muchos por ser salvados por la obra redentora de Cristo, cuyo propósito de la cruz refleja el amor incondicional del Dios Padre, por cuanto todo aquel que alcance salvación obtiene la victoria en la cruz.

# CAPÍTULO 1

## Victoria de Cristo en la cruz

La aplicación de la crucifixión transmitía un miedo intenso. Su procedimiento era a lo sumo brutal, a lo que se adjuntaba el martirio, una agonía tortuosa, dolorosa y cruel. Se relata que la ejecución por medio de la crucifixión producía entre los espectadores gran espanto, y que los mismos romanos en calidad de ejecutores eran excluidos a ser sometidos a semejante tormento físico y moral. La cruz estaba reservada únicamente para los despreciables, entre ellos se clasificaban a los esclavos, malhechores, ladrones, insurgentes y criminales comunes. Pero cuando se enfoca y observa de forma minuciosa la muerte de Cristo en la cruz, encontramos la revelación del amor ágape de Dios hacia los pecadores. Hay pasajes bíblicos que lo endosan y testifican; de hecho, Romanos (5:8) y Juan (3:16) se deponen para aseverar.

La muerte de Cristo fue una muerte de sustitución, murió en lugar del pecador. Su muerte fue de veras un sacrificio que salva y expía. Este hecho lleva a comprender que la cruz de Cristo es la sapiencia de Dios, por cuanto al recibir la salvación por la cruz de Jesús podemos aprender y así estimar la sabiduría de lo Alto, al planificar la redención del hombre mediante la entrega de su unigénito. El mensaje de la cruz es considerado como una locura para los que se pierden; en cambio, para los que se salvan, es decir, para los redimidos, este mensaje es el poder de Dios, que nos ubica en victoria, precisamente, por la cruz de Cristo. En otras palabras, se puede decir que Dios, en su omnisciente designio, dispuso que el mundo no lo conociera mediante la sabiduría humana. De tal manera que tuvo a bien la salvación mediante el sacrificio de su Hijo; desde entonces al presente, y lo que queda por venir, viene a ser la predicación a los que creen.

Este mensaje es motivo de tropiezo para los judíos y es locura para los gentiles, ¡pero para los que Dios ha llamado es el poder y la sabiduría de Dios! La locura de Dios es más sabia que la sabiduría humana y la debilidad de Dios es más fuerte que la fuerza humana. Es entonces que cuando se predica a Cristo crucificado, el poder de Dios se manifiesta en la salvación de almas.

Al creer en la cruz de Cristo, uno se ampara en el poder y la sabiduría de Dios, y de esta manera uno se convierte en más que vencedor, porque la cruz de Cristo es victoriosa: no solo se vence la corrupción, sino que también se vence a la muerte. Por esta obra redentora en la cruz, Jesús fue «coronado de gloria y de honra, a causa del padecimiento de la muerte, para que por la gracia del Dios Padre gustase la muerte por todos» (Hebreos 2:9).

Las Sagradas Escrituras enseñan las múltiples victorias obtenidas mediante la cruz, por esto se indica que los creyentes en Cristo «somos más que vencedores por medio de aquel que nos amó» (Romanos 8:37). Una de ellas es el triunfo sobre la ley. Afirma y persevera que fue anulada aquella «acta de los decretos que había contra nosotros, que nos era contraria, quitándola de en medio y clavándola en la cruz» (Colosenses 2:14).

De igual manera, por la cruz de Cristo se triunfa sobre el pecado. De otro modo se nos especifica que «le hubiera sido necesario padecer muchas veces desde el principio del mundo; pero ahora, en la consumación de los siglos, se presentó una vez para siempre por el sacrificio de sí mismo, para quitar de en medio el pecado» (Hebreos 9:26).

La cruz de Cristo vence de manera victoriosa sobre la muerte, porque por medio de la muerte en la cruz pudo destruir aquel imperio de la muerte, esto es en referencia al diablo opresor, de tal manera que pudo librar a todos los que por el temor de la muerte estaban sujetos durante toda la vida a la servidumbre (Hebreos 2:14-15). Por lo tanto, «el que en él cree, no es más condenado; pero el que no cree —dicen las Escrituras— ya ha sido condenado, porque no ha creído en el nombre del unigénito Hijo de Dios» (Juan 3:18). Una advertencia, más que un recordatorio: «el que practica el pecado es del diablo; porque el diablo peca desde el principio. Para esto apareció el Hijo de Dios, para deshacer las obras del diablo» (1 Juan 3:8).

Como ya se explica en Colosenses (2:14), la victoria en la cruz de Cristo es adjudicada una vez anulada el acta de decretos que había contra nosotros. Así como quitaron esa acta de en medio y la clavaron en la cruz, de la misma manera, fueron despojados los principados y las potestades, y los exhibió públicamente, triunfando sobre ellos en la cruz

(Colosenses 2:15). Por tanto, el triunfo sobrevino en la cruz, la cual hoy y para siempre representa la obtención de nuestra victoria. La cruz de Cristo triunfa sobre todo.

¿Qué victoria más se podría ostentar por medio de la cruz de Cristo, siendo la victoria en totalidad? Entonces solo queda postrarnos ante los pies de Jesús, por ser juntamente con él victoriosos, ¡más que vencedores!

## CAPÍTULO 2

### Significado de la cruz

*«Y decía a todos: si alguno quiere venir en pos de mí, niéguese a*
*sí mismo, tome su cruz cada día, y sígame».*
(Lucas 9:23)

Universalmente, la cruz es el símbolo del cristianismo. Podría decirse que este símbolo es muy extraño para representar la doctrina cristiana. Decimos que es extraño, porque representa un instrumento de tortura. Viene a constituir algo oprobioso, desagradable, conmovedor y triste. ¿Algo así, tan cruel y nefasto podrá representar visos de salvación y esperanza? Si observamos, los símbolos de otras religiones lucen más optimistas: por ejemplo, la estrella de seis puntas de David, la luna en cuarto creciente del islam, una flor de loto del budismo. Son más alegóricos. ¿Pero una cruz para el cristianismo? ¿Un instrumento de ejecución? Pareciera no estar en concordancia con lo que se quiere representar.

De otra manera, la cruz compete dentro del orden de las armas letales: garrotes, lanzas, espadas, cuchillos, pistolas o incluso la horca. Nadie en su cabal juicio usaría estos símbolos para representar una doctrina, ¿verdad? Sin embargo, podemos encontrar la cruz en la cúpula de una iglesia o en los cementerios para indicar que allí yace en paz alguien que en vida fue. Asimismo, podemos encontrarla en anillos o colgadas de una cadena para lucirla como adorno. Esto es así porque el mensaje que transmite el concepto de la cruz es muy distinto y data de milenios. En otras palabras, un instrumento de la extrema crueldad adquiere otro significado.

En otros tiempos, la cruz era usada por algunas naciones para llevar a cabo las más severas penalidades criminales. La muerte de cruz o madero era vista como una forma de medir la severidad del crimen cometido, tan severo que mandaba un mensaje de terror y temor al corazón de los violadores de la ley. La judía fue una de las naciones donde proliferó este método de castigo en el pasado, la cual se regía de acuerdo con los estatutos del antiguo pacto, tal como se evidencia en el libro del Deuteronomio (21:23): «No dejaréis que su cuerpo pase la noche sobre el madero; sin falta lo enterrarás el mismo día, porque maldito por Dios es el colgado; y no contaminarás tu tierra que Jehová tu Dios te da por heredad».

El apóstol Pablo, entendiendo bien el trasfondo de la muerte en el madero, hace una interpretación de lo que se refiere en el versículo que acabamos de citar del Deuteronomio. Lo hace de manera alusiva en Gálatas (3:13) con estas palabras: «Cristo nos redimió de la maldición de la ley, hecho por nosotros maldición (porque está escrito: maldito todo el que es colgado en un madero)». Por gracia divina, la muerte del hijo de Dios en la cruz del Calvario cambia para siempre el significado de pecado y maldición de la cruz. Es ahora un emblema de victoria sobre el pecado. Pablo usa la cruz como la luz de la victoria sobre el pecado: «[...] lejos esté de mí gloriarme, sino en la cruz de nuestro Señor Jesucristo, por quien el mundo me es crucificado a mí, y yo al mundo» (Gálatas 6:14). Pablo también les escribió a los corintios: «[...] me propuse no saber entre vosotros cosa alguna sino a Jesucristo, y a este crucificado» (1 Corintios 2:2).

El plan redentor de Dios está presente en toda Biblia, desde el Génesis hasta el Apocalipsis. En el centro del plan está el Calvario, el lugar donde murió Jesús para que nosotros pudiéramos ser perdonados. Al leer las Escrituras, comprendemos que la cruz viene a ser símbolo de victorias. La más ostentada, sin lugar a dudas, es la salvación. Jesús llevó nuestros pecados en la cruz y murió en nuestro lugar para que pudiéramos ser reconciliados con el Padre y recibir la vida eterna. Mencionamos igual el sacrificio por el cual Cristo, «siendo en forma de Dios» (Filipenses 2:6), decidió renunciar a la perfección del cielo para vivir entre pecadores.

Al dejar de lado su autoridad divina, nació como un niño indefenso de sí mismo, dependiente y al cuidado de otros. Sus primeros treinta años los pasó en el anonimato, sin el reconocimiento de su mesianismo, lo que describe el propósito por el cual tuvo que venir. Durante su ministerio público cumplió fielmente el plan de Dios, desde el comienzo y hasta su muerte en la cruz. En Romanos (12:1) se presentan detalles.

Ahora, si nos enfocamos en su servicio, Jesús dijo que «no vino para ser servido, sino para servir, y para dar su vida en rescate por muchos» (Marcos 10:45). Por lo tanto, el mayor acto de servicio de Cristo fue morir en la cruz para que pudiéramos tener vida eterna. Nuestro Salvador nos llama a negarnos a nosotros mismos, y a seguirlo mediante el servicio a los demás (Lucas 9:23).

Por otra parte, en nuestra generación la victoria se mide según los logros. Admiramos a quienes tienen éxito en los deportes, los negocios y las artes. Sin embargo, la grandeza en el reino de Dios se encuentra en una vida de obediencia, con la cual uno puede coronarse en victoria. ¿Está usted obedeciendo su plan y ayudando a otros como lo hizo Jesús? ¿Ha compartido las buenas nuevas de Cristo con ellos? Amar a Jesús es obedecer a Dios, y si cualquiera desea amarlo y obedecerlo, entonces que tome su cruz y lo siga. El Señor venció la muerte y obtuvo nuestra la victoria en la cruz.

# CAPÍTULO 3

## El mensaje de la cruz

*«[...] lo insensato de Dios es más sabio que los hombres, y lo débil de Dios es más fuerte que los hombres».*
(1 Corintios 1:25)

La cruz de Cristo conlleva un mensaje de amor inescrutable; de igual forma, denota la omnisciencia del Creador al diseñar un plan para mantener su santidad y justicia perfecta. Los incrédulos no pueden entender por qué la cruz es un símbolo del amor de Dios. Entonces se preguntan: ¿cómo pudo el amor llevar al Padre a sacrificar a su Hijo?

Es por el desconocimiento que muchos deciden ignorar tal desatino. No seguir las especificaciones de las Escrituras es ignorar que hay un sistema espiritual a seguir, porque en el diseño existe un propósito, que resguarda la santidad y justicia, que es regida con un celo santo por el Padre Eterno. Pese al diseño perfecto del Creador, la humanidad es absorbida en banalidades; pese a ello, espera entrar al cielo por su buen carácter y sus intentos de nobles acciones, entre otras conductas naturales.

Pero, según la Biblia, esa opción, es trivial e insensata. En Isaías (64:6), el profeta determina lo siguiente: «[...] todos nosotros somos como suciedad, y todas nuestras justi-

23

cias como trapo de inmundicia; y caímos todos nosotros como la hoja, y nuestras maldades nos llevaron como viento». Esto indica que si se comprendió el mensaje, entonces conviene ser prudente al momento de evaluar nuestros criterios personales. La aceptación de un Evangelio de buenas obras revela que la Iglesia necesita hablar con más firmeza al dar al mundo su mensaje de la verdad y salvación. Debe de predicarse, entonces, la justicia divina, paralelo al amor divino. Ciertamente, Dios ama al mundo, pero no puede obviar el pecado de la humanidad. Deja entrever que el sacrificio de su unigénito Hijo sea comprendido y valorado. Es entonces que creyendo en el Cordero pascual de Dios, cuya sangre limpia los pecados del mundo, se adquiere una nueva vida santa, vivificante y eterna (Juan 3:16).

Él es justo, lo cual significa que es perfecto. En su pura presencia no puede haber ninguna mancha de pecado. Una persona no puede llegar a las puertas del cielo arrastrando consigo el bagaje de toda una vida de iniquidades, además de exigir ser bienvenido en el Reino. Dios no justifica el pecado, pero provee la manera de encargarse de este. El Señor tiene un plan para hacer justo al pecador, el cual incluye tres hechos fundamentales:

Primero, todos hemos pecado y estamos destituidos de la gloria de Dios (Romanos 3:23), describe con prontitud. Es, pues, que por su gracia fuimos justificados y de manera gratuita. Nada hicimos para merecernos su perdón. Fue por su mera misericordia y gracia.

Segundo, tuvo que haber un mediador, y fue mediante la redención que es en Cristo Jesús (Romanos 3:24). En la

Biblia sobreabundan las referencias en relación con el pecado y el pecador. Entonces es oportuno citar al profeta Ezequiel (18:20): «El alma que pecare, esa morirá». En Romanos (6:23), igual existe otra aserción: «Porque la paga del pecado es muerte, mas la dádiva de Dios es vida eterna en Cristo Jesús Señor nuestro».

Tercero, la deuda de la persona es pagada por un sacrificio perfecto ofrecido a su favor (Juan 1:29). Dios satisfizo su propia justicia al poner nuestros pecados sobre Jesús, lo que permitió que Él se infectara de nuestra inmundicia pecadora, al extremo de asumir la maldición, y morir en nuestro lugar.

Muchas veces tratamos de omitir el carácter de Dios, pero, a la hora de la verdad, es que todos sus atributos se hacen de acuerdo con su voluntad, porque Él es el Padre perfecto. La cruz caracteriza más que su amor, pero también representa su sabiduría, al diseñar un plan para mantener su santidad y justicia perfecta como anteriormente se mencionó.

Observando ahora a la cruz desde otra perspectiva, denota poder y soberanía (Marcos15:26-32). En estas porciones bíblicas se describe quizá con ironía el proceso redentor. Algunas personas se burlaron de Jesús cuando estaba en la cruz, diciéndole que el Hijo de Dios debería poder salvarse a sí mismo. Esos hombres y mujeres pensaron de manera equívoca que la muerte de Cristo era una evidencia de su debilidad. Sin embargo, fue todo lo contrario. El poder del Señor era tan grande que Jesús murió con todo el pecado del mundo sobre sus hombros y resucitó tres días después. Adjuntó a su acto sacrificial que cualquiera que crea en Él no tiene que pagar más su pena, la de muerte, aquella que lo apuntalaba en el acta de los decretos. Esto se debe en exclusivo a la omnipotencia de Dios, que tiene la capacidad de hacer libres a los cautivos. Las fuerzas humanas no son ni siquiera suficientes para hacernos libres del pecado.

La realidad es que todos, sin excepción, necesitamos un Salvador, y este es Jesucristo. Se humilló a sí mismo para morir en nuestro lugar, lo cual no fue una demostración de debilidad, como el mundo incrédulo supone. Opuesto al criterio mundano, se llevó a cabo el sacrificio inmolado de amor más grande que pudo haber ocurrido en toda la historia de la humanidad; ofreció su vida por los demás, incluidos usted y yo (Juan 15:13).

El mensaje de la cruz conlleva un propósito fundamental: esta es la venida del Salvador, el Señor Jesús, quien murió por los pecados de la humanidad. De yacer su cadáver en el sepulcro, todo el mundo tendría que haber pagado su deuda. Pero Jesús venció a la muerte, lo que significa que sus seguidores también mueren a la ley, al pecado y al mundo, y resucitan para una nueva vida en santidad. El que cree en Él es librado del castigo de la muerte eterna y es bienvenido a pasar la eternidad con Jesús y con Dios Padre.

Tomemos conciencia del profundo mensaje de la cruz que expresa el inescrutable amor de Dios por la humanidad. ¿Qué estamos haciendo al respecto? Una porción bíblica exhorta la comisión de «id, y haced discípulos». Esto tiene que ser parte integral de la vida de cada creyente: «Y

Jesús se acercó y les habló diciendo: "Toda potestad me es dada en el cielo y en la tierra. Por tanto, id, y haced discípulos a todas las naciones, bautizándolos en el nombre del Padre, y del Hijo, y del Espíritu Santo; enseñándoles que guarden todas las cosas que os he mandado; y he aquí yo estoy con vosotros todos los días, hasta el fin del mundo. Amén"» (Mateo 28: 18-20).

## CAPÍTULO 4

### Crucificado con Cristo

*«Con Cristo estoy juntamente crucificado, y ya no vivo yo, mas vive Cristo en mí; y lo que ahora vivo en la carne, lo vivo en la fe del Hijo de Dios, el cual me amó y se entregó a sí mismo por mí».*

(Gálatas 2:20)

Hace más de 2.000 años, la salvación fue consumada y fue en la cruz de Cristo, un hecho redentor perfectamente cumplido. Por esta obra de ganar el cielo el mundo no tiene nada que objetar ni probar. No hay un veredicto que contradiga la evidencia conllevada en el acontecimiento de la crucifixión. Pese a ello, los hay algunos que insisten en que aún se requiere hacer algo más para alcanzar la salvación, es así como prestarse las palabras del apóstol Pablo para crucificarse con Jesús. De hecho, pensar que nuestras obras pudieran ayudar a alcanzar salvación viene a ser como intentar crucificarse con Jesús. Pese a ello, la interpretación del concepto va mucho más allá.

El apropiado significado en Gálatas (2:20) difiere del silogismo individual. La palabra crucificado hace referencia a un tiempo de acción transcurrido en el pasado, es decir, que ya aconteció, el evento fue completo. De otra forma, se podría decir que por el acto de la crucifixión somos los pecadores los que recibimos la gracia de la crucifixión. Tal es así que venimos a ser beneficiarios de la muerte de Cristo, por cuya muerte del Cordero, y consumada en la cruz de la victoria, alcanzamos la esperanza del cielo. Por lo tanto, el hombre no tiene nada que aludir con respecto a la salvación, sino solo aceptarla como la esperanza de una nueva vida.

En el trasfondo del contexto, existe un mensaje que prevalece con importancia: estar con Cristo juntamente crucificado. No es solo sugerencia de hacerlo por voluntad, también conlleva exhortaciones que deben llevarse de manera fidedigna. Primero consiste en entregarle a Cristo nuestras pasiones y deseos, tal como se es sugerido: «Pero los que son de Cristo han crucificado la carne con sus pasiones y deseos» (Gálatas 5:24).

Es así que la acción de crucificarse es dejar en manos de Cristo nuestras pasiones y nuestros deseos, del mismo modo se insta en los Evangelios de Santiago, esto en relación con nuestras concupiscencias, es decir, los deseos inmorales: «Entonces la concupiscencia, después que ha concebido, da a luz el pecado; y el pecado, siendo consumado, da a luz la muerte» (Santiago 1:15). Únicamente estando en las manos de Cristo podremos alcanzar una vida de santidad delante de Dios.

La segunda exhortación expone una virtud, que consiste en reconocer nuestra pequeñez, sumisión y rendimiento. Esta es la acción de humildad, tal como se describen en las Escrituras: «Pero lejos esté de mí gloriarme, sino en la cruz de nuestro Señor Jesucristo, por quien el mundo me es crucificado a mí, y yo al mundo» (Gálatas 6:14).

La humildad consiste en dejar la soberbia personal para humillarse ante la voluntad de Dios. El apóstol Pablo hizo prevalecer, y con insistencia, más de una ocasión a la iglesia de Filipo: «Haya, pues, en vosotros ese sentir que hubo también en Cristo Jesús» (Filipenses 2:5).

La urgencia de asimilar el mensaje insta de manera perseverante a reflexionar con la conciencia íntegra los siguientes versos, los cuales conllevan principios aplicados a la vida cristiana. Así se expresa en el sexto verso, el cual, siendo en forma de Dios, no estimó el ser igual a Dios como cosa a qué aferrarse. Luego aprendemos del verso séptimo que se despojó de sí mismo para tomar forma de siervo, hecho semejante a los hombres. El octavo mensaje nos refiere que, estando en la condición de hombre, se humilló a sí mismo, para hacerse obediente hasta la muerte, y muerte de cruz. Sin duda alguna, la humildad de Cristo es una acción redentora y digna de testimonio que se plasma en Filipenses (2:9). El noveno verso enfatiza que Jesús fue elevado a mayor dignidad encarecido a lo supremo, por lo cual Dios también lo exaltó hasta lo sumo y le dio un nombre que es sobre todo nombre. De manera que el nombre de Jesús, el cual se interpreta como Salvador, sea en abnegación reverenciado, por cuanto todos postrados debemos permanecer ante Él. Esta actitud reverencial se presenta en el verso décimo, para que en el nombre de Jesús se doble toda rodilla de los que están en los cielos, en la tierra y debajo de ella. Luego se confirma en el undécimo verso: «y toda lengua confiese que Jesucristo es el Señor, para gloria de Dios Padre».

Es así que la rendición en totalidad a Jesús da acceso a testificar tanto de su persona como de su obra redentora. En ocasiones guardamos silencio de este hecho trascendental para la humanidad, quizá hasta se sienta timidez o vergüenza ofrecer el testimonio tanto de la cruz y de la muerte de Cristo como de su resurrección. Pese a ello, cada quien recibió la salvación, recibió el beneficio por la sangre derramada del Cordero. Medítese en este preciso instante: ¿qué se podrá comparar con la muerte de Jesús en la cruz?

Si se ha reflexionado con honestidad, entonces démosle gracias a Dios por el sacrificio de su Hijo amado, quien viene a representar, y recordar, que no se vive más bajo la ley, en la cual no se tenía la esperanza de salvación, menos la recompensa del cielo.

Colosenses (2:14) nos recuerda: «anulando el acta de los decretos que había contra nosotros, que nos era contraria, quitándola de en medio y clavándola en la cruz». Considere la interpretación del hecho, equivale a decir, llevar a la práctica el significado de estar crucificado con Cristo. A su vez significa entrega total a la voluntad de Dios. «Así que, hermanos, os ruego por las misericordias de Dios, que presentéis vuestros cuerpos en sacrificio vivo, santo, agradable a Dios, que es vuestro culto racional. No os conforméis a este siglo, sino transformaos por medio de la renovación de vuestro entendimiento, para que comprobéis cuál sea la buena voluntad de Dios, agradable y perfecta (Romanos 12:1-2).

Ahora, examinando el corazón, pregúntese a sí mismo: ¿qué sacrificio que se disponga por Cristo podría comparar a su obra redentora? A decir verdad, no lo hay; en tal caso, ¿por qué encontramos objeción o nos retractamos para entregarle nuestro tiempo y nuestros recursos a su obra?

Clamemos misericordia a Dios y nos permita servirle con todo nuestro corazón, con todas nuestras fuerzas y con todo lo que nos ha provisto. De todas maneras, ¿no es Él poseedor de todos y de todo? En sí, es el dueño de nuestra vida. Amén.

# CAPÍTULO 5

## Morir para poder vivir

*«De cierto, de cierto os digo, que si el grano de trigo no cae en la tierra y muere, queda solo; pero si muere, lleva mucho fruto».*

(Juan 12:24)

Cuando se oye la expresión «morir para vivir», sin antes examinar lo que expresa el mensaje, se puede percibir un concepto contradictorio. ¿No le parece que sin una explicación previa reflejaría ser ilógico el concepto de morir para vivir? Pero, si se observa con atención el trasfondo, deja entrever que el morir para poder vivir es congruente por su connotación; entonces encontramos que denota una verdad.

Tómese el ejemplo de una semilla de trigo para explicarlo de una manera más concisa: esta, cuando es sembrada en la tierra, estará expuesta a distintas severidades: sol, agua, viento, frío, entre otros. Estas afrentas climáticas hacen que la pequeña semilla comience a disgregarse, es decir, a descomponerse de sus partes que la conforman, hasta el punto en que llega a morir. Cuando esto ocurre, entonces pareciera ser que es el deceso final de la semilla. Sin embargo, cuando este grano muere, comienza a germinar, en otras palabras, a brotar una nueva vida.

Se podría sugerir una opinión fortuita en relación con el aprecio y valor que se tiene a la vida. ¿Quién no ama la vida? Se podría decir en sentido universal que todos amamos a la vida. Nos aferramos a ella para subsistir, aun conociendo que todo este trayecto es pasajero, es decir, que este proceso vital tiene sus días contados. Cuán cierto es que la vida humana es efímera en lo que respecta al proceso de la ciencia de las leyes de la vida. De manera que el concepto quizá se podría ver desde otra perspectiva: se nace para morir.

Por esta razón, el ser humano mantiene un concepto opuesto a la Mente Divina; entonces se puede afirmar que a lo largo de la historia la humanidad ha pretendido por muchos medios ser trascendental, sin tomar en cuenta lo que el Creador concibe: el que ama su vida, la perderá.

Esta es una verdad extrema y no es sacada del refranero viandante. Están plasmadas en Juan (12:25): «El que ama su vida, la perderá; y el que aborrece su vida en este mundo, para vida eterna la guardará».

Culturas, filosofías, creencias, como los mismos dogmas, hicieron el intento de extender la vida a la eternidad. Pero toda pretensión hoy puede contarse como intentos o solamente memorias fallidas. Las Escrituras avalan este término de vida transitoria. En Marcos (13:31) se puede confirmar que el Cielo y la tierra pasarán, pero las palabras de Abba Padre permanecerán. Las Sagradas Escrituras son muy específicas en este término. De manera que en el Evangelio de Juan (12:25) se puede confirmar esta verdad: quien ama su vida, la perderá.

La calidad intrínseca del Señor es misericordiosa, de modo que proveyó simultáneamente el aliento consolador que inspira la esperanza, cuando la Palabra nos dice: que el que aborrece su vida en este mundo, hablando en el concepto espiritual, para la vida eterna la guardará. Esto es así, por ello es que se debe estar agraciado para con Dios.

Para muchos se hace difícil comprender este mensaje, o tal vez simplemente no se desea aceptarlo; de hecho, se tiende a tomar una actitud reacia a la realidad, de responder ilusamente, como el ejemplo de la actitud de Nicodemo, el cual se expone en Juan (3:3-9). ¿Cómo puede ser o hacerse esto?

Lo que sucede es que en muchas ocasiones incidimos en el morbo de las insensateces, debido a que se está absorbido por apegos, tradiciones y malas costumbres que de muchas maneras venimos adoptando en el transcurso de nuestras vidas.

Se da por sentada de esta manera que por una de estas insensateces el Señor pudo responder a Nicodemo, como también se podría responder a cualquier importunado: que el que no naciere de nuevo, no podrá ver el Reino de los Cielos. Al menos como tal se expone en Juan (3:3-9).

Para nacer de nuevo se tiene que morir primero. Cada uno de nosotros sabe muy bien qué es lo que se tiene que hacer morir. En otras palabras ¡Qué es lo que tenemos que llevar a la cruz!

¡Pero cómo cuesta renunciar a los deseos carnales! En cambio, se mira con apatía e indiferencia el concepto de la muerte, que en realidad, y según las Escrituras, conduce a emprender una nueva vida. Es ahí donde surge la bendita esperanza de poder ver el Reino de los Cielos. Entonces surge la pauta de obrar con la mano en el corazón de manera sincera y respondiéndose meditativamente: ¿quién no anhelaría ver el Reino de los Cielos?

Lo cierto es que, aun cuando se conoce la verdadera doctrina, cuando decimos que somos de Cristo, pero que de alguna manera no reflejamos a su persona, entonces no estamos a la par de su semejanza. En otros términos, Él nos dice que nos ama y nos invita a tomar nuestra cruz para seguirlo. ¿Cuál es la respuesta? ¿Es sincera e íntegra cuando de boca se dice que lo amamos?

El asidero de una actitud no adecuada demuestra que no se está dispuesto para tomar nuestra cruz y seguirlo, porque cuesta dejar lo que a uno le complace. Nos adherimos a paradigmas no apropiados, con tal de no someternos, cual acto sacrificial, a una transformación depurativa para emprender así una nueva vida en un nuevo camino al Padre.

Respecto a tomar la cruz, se puede referir a dos clases de cruces. Quizá esto llame la atención. Una es la cruz de Cristo, con la cual el creyente puede trasportarse al cielo. La otra cruz se refiere a que únicamente pueden tomar los que verdaderamente amaban al Señor, porque con esa cruz se puede bajar el cielo a la tierra, donde estamos.

Es así como ocurren las bendiciones, y para que estas vengan a nuestras vidas, existen condiciones, debido a que esta mencionada cruz solo la portarían los que se consideran sus discípulos. Si alguno quiere ser discípulo del Señor, entonces que tome su cruz y lo siga.

A veces elegimos vivir una vida de bienestar, nos inclinamos al confort lleno de distracciones; nos sentimos más cómodos en las modalidades e iniciamos una postura que se manifiesta exteriormente. Esta disposición del ánimo viene a ser el resultado de la comodidad, que no siempre es constructiva ni favorable; en cambio, nos transporta a la pereza espiritual, que de muchas formas nos torna insensibles a la voz de Dios. Este comportamiento irreverente de no renunciar a la vida rutinaria nos acondiciona de una manera oprobiosa y rebelde a la buena voluntad del Padre.

En cambio, morir a los apegos, al orgullo, al egoísmo y a la altanería, a ese concepto erróneo de creer y depender de nuestra propia opinión, que nos hace inconscientes del precio que se pagó por la salvación en la cruz: la victoria en medio de la agonía.

Morir para poder vivir es renacer a un nuevo concepto de Dios, un redescubrir a nuestro Señor y salvador Jesús; en otro sentido, es quitarle el velo del anonimato. Morir es menguar para que él crezca. ¿O acaso hay un lugar más grande y alto que el permanecer a los pies del Señor?

¿Qué se debe de hacer entonces? Tan sencillo como exhortaba Pablo a Timoteo: hablar sin temor ni vergüenza de lo que el Señor significa en nuestras vidas. Proclamar los Evangelios, allí se promulga la sana doctrina, la cual es fuente de enseñanzas, de esperanza y salvación para la vida eterna (2 Timoteo 1:8).

Cuando se decide morir para vivir para Cristo, sobreviene el renacimiento de una nueva criatura. Así aprendimos de las Escrituras: «De modo que si alguno está en Cristo, nueva criatura es; las cosas viejas pasaron; he aquí todas son hechas nuevas» (2 Corintios 5:17).

Morir es a veces el comienzo de algo nuevo, apartar la vista del vasto horizonte para centrarse en aquello que se tiene en frente como propósito. Es necesario perecer para fluir con brío ante un nuevo amanecer, aun cuando pareciera contradictorio el mensaje de Juan (12:24): «De cierto, de cierto os digo, que si el grano de trigo no cae en la tierra y muere, queda solo; pero si muere, lleva mucho fruto».

La nueva vida en Cristo es una vida para ser vivida cristianamente. Es permitir a Jesucristo que viva en uno y a través de uno. Y todo lo que se enseña y todo lo que procuramos aprender es con miras a ponerlo en práctica. No nos conformemos con ser unos oidores más, sino unos hacedores de la Palabra, como señala la Escritura.

Si no nos desprendemos de aquellos hábitos inapropiados, entonces no se dejará morir el conformismo de ser simples oidores; entonces, tampoco se podrá ostentar la bendición de ser hacedor. No deje pasar su oportunidad, el Señor compensará según su obra.

Téngase en cuenta que la mies es mucha y pocos los obreros. Empodérese del conocimiento que Dios otorga a quien lo anhela para llevarlo por obra. De manera personal lo ama, porque está dentro sus propósitos.

Si alguno decide morir al pasado y vivir la nueva vida para seguir al Señor, tome su cruz y sígalo. Valore lo siguiente: que donde él esté, allí también estará su servidor, teniendo en cuenta siempre que «el Señor al que ama, disciplina, y azota a todo el que recibe por hijo» (Hebreos 12:6). Si alguno decide servir al Señor, Abba Padre lo honrará.

# CAPÍTULO 6

## Locura para los que se pierden

*«Porque la palabra de la cruz es locura a los que se pierden; pero a los que se salvan, esto es, a nosotros, es poder de Dios».*
(1 Corintios 1:18)

La cruz para el cristianismo es el símbolo que lo representa. En ella murió el Hijo de Dios, nuestro Señor Jesucristo, quien resucitó al tercer día, un símbolo que se interpretaba como maldición en el concepto judeo-romano, debido a que era aplicable para muerte del reo. Es así que el madero de tormento se convertiría en símbolo de la vida y la resurrección; en el símbolo de victoria de la obra del Hijo de Dios; del perdón que Dios otorga por el pecado del hombre; de aquellos que creen en Él.

Cuán profunda sería la relevancia y la santidad de su significado que el apóstol Pedro les insistió a los verdugos, en momentos cuando lo crucificaban, que quería morir de forma diferente, porque no se consideraba digno de morir como su Señor. Tal es así que cumplieron su deseo: lo crucificaron cabeza abajo.

Pasado el tiempo, en el siglo IV Constantino abolió la crucifixión en el Imperio romano estando bajo su dominio y gobierno. Esto sucedió por su conversión al cristianismo y, asimismo, por causa de la piedad cristiana. La cruz se ha convertido desde entonces en el símbolo que interpreta sanidad espiritual, pero el mundo, que adhiere costumbres foráneas y a manera de proliferar, tomó la cruz para convertirla, si se puede describir como tal, en motivos de asistencias para la salud, que equivale a un símbolo de sanidad médica. A través del tiempo la tipificación de este símbolo quedó plasmada en ambulancias y farmacias, como por ejemplo la Cruz Roja, los botiquines, etc.

Pese a las diversas aplicaciones usadas por el mundo, la cruz es, pues, símbolo de la salvación de Cristo, pero también cabe aseverar que la cruz es la vida del cristiano que predica el Evangelio para salvación y que pone su vida por los hermanos en la fe de Cristo, por cuanto los frutos denotados de la cruz vienen a ser la salvación, el Evangelio y la Iglesia.

La cruz de Cristo no solo se mira como un símbolo, sino que ella expresa mucho más que un concepto. Su objetivo insta a conquistar y a vencer en la mayor batalla de la historia, la cual son las almas para la eternidad. Es en ella que Cristo obtiene la corona de justicia, corona del Reino de Dios, la victoria sobre la muerte, el perdón por el pecado y el cumplimiento de la ley.

Allí, en ese madero, es donde se abre la puerta, el camino y la vida a la eternidad para nosotros los salvados y redimidos que, a decir verdad, no lo merecemos.

La resurrección proviene de la cruz del Calvario. Sin la obra redentora de la cruz de Cristo, jamás tendríamos la oportunidad de la esperanza ni en esta vida ni mucho menos en la eterna.

Hay otros aspectos que merecen ser mencionados. Las

consecuencias por causa de la cruz incluyen el velo rasgado, aquel que nos separaba de la presencia de Dios, del lugar santísimo (Mateo 27:51). Asimismo, Mateo (27:52) confirma que «se abrieron los sepulcros». También testifica que el centurión exclamó: «verdaderamente este era Hijo de Dios» (Mateo 27:54).

Su sangre fue derramada al pie de la cruz cual manantial abierto de vida expiatoria para el pecado de aquellos que reciben a Jesucristo como su Salvador. Desde entonces, cuando se predica y ellos creen para su salvación, cambian las vidas antes perdidas en el momento de la conversión. De tal manera ocurre un nuevo nacimiento y siendo llenos del Espíritu Santo (1 Corintios 2:12).

Cristo en la cruz fue levantado como la serpiente de bronce, que es símbolo de la ley de Dios (Juan 3:14). En la cruz los pies y las manos son clavados para que estén inmovilizados. Este es el significado de la cruz: quedar imposibilitado para hacer nuestra voluntad, es decir, negarse a uno mismo. Si nuestros pies están clavados en la cruz, no podemos ir a donde queremos. Del mismo modo, si nuestras manos están clavadas en la cruz, no podemos hacer lo que queremos, ni protegernos, ni defendernos; nada, por lo que quedamos totalmente a la voluntad de Dios. Con la anulación total de la voluntad del yo, nos dispone a tomar nuestra cruz para seguir al Maestro cada día y compartir de su yugo.

La liberación del pecado y de una conciencia que nos acusa por la ley de Dios, que es el ministerio de la condenación y de la muerte, nos permite vivir para Cristo y para nuestro prójimo llevando nuestra cruz como discípulos y también compartiendo el yugo, para cumplir así la llamada ley de Cristo.

El Señor Jesucristo fue a la cruz para ganar el Reino. Como Príncipe, es el Heredero. En Isaías (9:6) se nos muestra al Hijo de Dios como Príncipe de Paz, pero también se nos muestra como Dios Fuerte y Padre Eterno. Es en la cruz que el Hijo obtiene el derecho de llevar al trono del Reino a aquellos que creen en la victoria ganada en la obra redentora de la cruz por el nuevo pacto en su Sangre.

La cruz es el principio y el fin del sacerdocio cristiano. La cruz es morir del yo, por cuanto debemos disponernos a tomar nuestra la cruz. A ningún discípulo de Jesucristo se le escapa que hay dos cruces: la del Señor y la nuestra.

La cruz del cristiano, como la de Cristo, es una forma de vida. El centro de la cruz de Cristo es el amor del Padre por nosotros, entregando a su Hijo, y el amor del Hijo entregándose por nosotros por amor a nosotros y al Padre. El epicentro de la cruz del cristiano es, como no podía ser de otro modo por su origen, el amor al Señor, quien nos amó hasta la muerte —y muerte de cruz—, y es el amor al prójimo, porque este es el mensaje que salvará las almas de los que a Él se entregan, por la fe en su Cruz para la eternidad. Es por esto que para quienes viven de acuerdo con las modalidades del mundo no pueden —ni jamás podrán— valorar la razón que demanda la verdad. «Porque la palabra de la cruz es locura a los que se pierden; pero a los que se salvan, esto es, a nosotros, es poder de Dios» (1 Corintios 1:18).

# CAPÍTULO 7

## Clamor desde la cruz

*«Y Jesús decía: "Padre, perdónalos, porque no saben lo que hacen". Y repartieron entre sí sus vestidos, echando suertes».*
(Lucas 23:34)

Poco antes de morir Jesús, padeció una violenta tribulación: soportó treinta y nueve azotes; su cuerpo, flagelado y golpeado, quedó en un estado de calamidad, lo que puso al descubierto sus llagas. El más profundo dolor en medio de la agonía. Ello sumado al escarnio de escupidas, burlas, más una corona de espinas clavadas en su sien; golpes por doquier, ofensas, desnudez, más el abandono y la soledad. Finalmente, enclavado en la cruz, se consumó su muerte. Pese a ello fue, es y será siendo siempre Dios. Jesús nunca renunció cuando se encontró en el momento de la más dura prueba, y lo hizo por amor al mundo pecador.

Un fragmento del Antiguo Testamento predijo este acontecimiento aun mucho antes de su tiempo. Isaías (53:7) describe el suceso conmovedor: «Angustiado él, y afligido, no abrió su boca; como cordero fue llevado al matadero; y como oveja delante de sus trasquiladores, enmudeció, y no abrió su boca».

A pesar de todo el sufrimiento físico, emocional y espiritual, el Señor siempre mantuvo la serenidad, la mansedumbre y la tranquilidad. Además, desde el calvario expresó siete palabras, que hoy continúan vigentes a más de dos mil años después de su muerte y resurrección: «Y Jesús decía: "Padre, perdónalos, porque no saben lo que hacen". Y repartieron entre sí sus vestidos, echando suertes» (Lucas 23:34).

La primera palabra mencionada por Jesús desde la cruz fue perdón. Siendo Dios, Él podía haber mandado ángeles para que lo defendieran, mas no lo hizo. El propósito consistente para que fuésemos perdonados. Del perdón fluye libertad y bendición, conlleva igual la paz que llena el vacío del alma. Sin perdón no se tiene la esperanza de ver el Reino de los Cielos.

Asimismo, el perdón provee la seguridad y liberación de las cargas o culpas; de modo que perdonar es olvidar. Por medio de este acto, el alma se satisface al perdonar, igual que al ser perdonado. Esto clamó Jesús, cuando nos perdonó en la cruz. Clamó perdón para nuestras fallas u ofensas a Dios, o para cuando injuriamos al prójimo. De modo que cuando se ofrece perdón, se es librado, y de esta forma se siente el alivio del peso de la conciencia; a cambio, la bendición llega a nuestras vidas galardonadas de victoria.

Jesús intercedió por nosotros en la cruz. Si él perdonó toda falla y ofensa, ¿cuánto más nosotros debemos perdonar a quienes nos ofenden? Hay ocasiones en que las personas de nuestro entorno —llámense familiares, vecinos, compañeros e incluso hermanos de congregación— se disponen a favor del enemigo, lo que causa daño, pero en sí no obran por cuenta propia, sino que son influencias malignas que están sobre esas personas; esto con respecto al diablo.

Jesús es el ejemplo de perdón más grande que jamás existió; de manera que nosotros debemos perdonar a los que nos causan mal, si se anhela que Dios perdone, en igual modo, nuestras ofensas. Mateo (6:12) refiere certeramente esta convicción.

Perdonar a primera instancia genera resistencia, debido a la influencia del rencor. Pero cuando se decide ponerlo en práctica, se halla libertad en el ser interior. Grandes batallas se ganan perdonando a otros. El mensaje consiste en que, para ser feliz, es preciso perdonar.

Luego de la exclamación pródiga del perdón, Jesús también dijo: «De cierto te digo que hoy estarás conmigo en el paraíso» (Lucas 23:43).

Además del perdón, Él habló acerca de la salvación. Estando en la cruz salvó a uno de los ladrones que estaban con él. Aun en difíciles instantes, cuando uno se humilla y reconoce los pecados ante Él, aparte de ser perdonado, se es salvo. Solo por medio de Jesús se alcanza la salvación y la vida eterna. Compruébese en el testimonio ofrecido en el libro de los Hechos de los Apóstoles (4:12).

Cuando entendemos que no podemos seguir adelante si el Hijo y el Padre no están con nosotros, se entra en una deprimente aflicción; pero si se le invoca con un corazón humilde, sincero y nombrando a Jesús, Dios como el buen Padre se aproximará pródigamente a sus hijos.

El Señor Jesús nunca protestó, aun en medio de la cruenta prueba, por cuanto es indispensable y vital transmitir el mensaje de salvación a quien lo precise con urgencia.

La cruz no detuvo a Jesús, así las pruebas no nos pueden detener de llevar el agua de vida al sediento. Al estar en luchas y dificultades, Dios está con nosotros para llevar este prodigioso mensaje, lleno de amor y esperanza, para que el mundo se libere de la gravedad del pecado.

¿Alguna vez se ha sentido solo, desprotegido y angustiado? Las buenas nuevas pregonan abiertamente que Dios lo ama. Con solo decir «Dios lo ama», ya es suficiente oportunidad para predicar. El mundo necesita del amor de Dios, necesita conocer de Él.

Cuando nos acercamos a Cristo, lo hacemos con la esperanza de que alcanzaremos la salvación. Tarde o temprano todas las cosas pasarán, porque, según las Escrituras, la vida es transitoria, quien se aferre a su vida, la perderá. El consejo sabio está expresado en Juan (12:25).

La segunda venida del Señor está por acontecer. Él ya salvó en primera instancia a los que le creyeron por su sacrificio en la cruz. Estos no verán la condenación, porque por la obra redentora en la cruz fuimos llamados por la gracia de Dios a ser salvos de la condenación.

Otro de los aspectos patéticos sucesivos a la crucifixión ocurre cuando Jesús vio a su madre y al discípulo a quien él amaba. Allí, ambos se encontraban contemplando a Jesús, quien se hallaba clavado en el madero. Es cuando entonces Jesús, conmovido, se dirigió a su madre con estas palabras: «"Mujer, he ahí tu hijo". Después dijo al discípulo: "He ahí tu madre". Y desde aquella hora el discípulo la recibió en su casa» (Juan 19:26-27).

También él se expresó desde la cruz respecto al amor.

Es así de perceptible el amor de Dios hacia la humanidad. Él encomendó a Juan que cuidase de María, su madre, pues sabía que su madre no podría vivir sola, más si era viuda (pues se cree que para este tiempo José había muerto). El sacrificio de Jesús es la más grande prueba de amor verdadero.

En medio de nosotros puede y debe manifestarse el amor de Dios. Con ese amor amaremos a todo el mundo. El amor de Dios es ágape incondicional, es decir, que Él ama, aunque no lo amen.

Es necesario el amor de Dios para amar a los demás. Solo se puede amar de verdad con esa clase de amor divino, como lo es el amor que emana del Dios Padre en nuestros corazones.

Precisamente el amor es lo que hace la diferencia entre el cristiano y el mundo, porque el amor se puede demostrar de diversas maneras, de acuerdo siempre con la multigracia de Dios según su voluntad.

Orando por los demás se denota una expresión de amor y compasión. Cuando una persona falla o cae, no nos da la pauta para dañar o señalar a nadie, sino que es una excelente oportunidad para orar por el caído al Padre, para la restauración de esa vida. Además, nuestra boca debe hablar siempre amor, bendiciones y buenas nuevas. Nuestra boca nunca debe ser usada con palabras duras ni soeces, en cambio, debemos hablar palabras sazonadas con el amor de Dios.

Siguiendo el desenlace de las veces que Jesús habló estando en la cruz, ahora nos enfocamos en la hora novena.

En aquellos instantes, Jesús clamó a gran voz, diciendo: «"*¡Eloi, Eloi, ¿lama sabactani?*", que traducido es: "¡Dios mío, Dios mío!, ¿por qué me has desamparado?"» (Marcos 15:34). También Él mencionó el dolor espiritual. ¿Qué significa eso? Siendo ciento por ciento hombre y ciento por ciento Dios, Jesús tuvo que sentir el dolor de la separación del Padre para con el Hijo, a causa del pecado del hombre.

Imaginemos al Padre Celestial, al ver a su Hijo puro y santo, lleno del bagaje de impurezas, por causa de nuestros pecados. No pudo soportarlo y le dio la espalda. ¿Se ha preguntado qué dolor ha de haber sentido Jesús al estar por primera vez separado de la Gloria de su Padre? Por semejante causa, Jesús sintió el desgarro más profundo en dolor, inmediatamente la soledad lo envolvió.

Lo más sombrío en esta vida es vivir sin sentir la presencia y compañía del Dios Padre. La soledad continuamente sobreviene, de manera que, de cuando en cuando, nos sentimos desamparados.

También se siente dolor por nuestros errores y pecados: dolor por no hacer la voluntad de Dios, dolor por los que no conocen a Cristo, por las enfermedades y entre otras necesidades que emergen espontáneamente en el diario vivir. Sin embargo, la soledad es parte de la perseverancia. Cuando no sentimos la presencia de Dios, es cuando Él está más próximo a nosotros.

En el momento que arribe la soledad a modo de prueba, se debe mantener la calma, pues Dios no nos ha dejado solos, ni tan siquiera un instante, más bien considérelo como parte del proceso depurador llamado quebrantamiento.

El mismo Jesús prometió que nunca nos dejaría (Mateo 28:20), lo expone, y que enviaría al Espíritu Santo como aliciente ayudador y guía, quien nos llevará por el camino correcto (véase Juan 14:16-26).

En aquellos momentos, como los que experimentó el Señor Jesús, es aconsejable permanecer constante en la fe. El Padre desamparó al Hijo por un instante, y lo hizo para amparar a la humanidad por toda la eternidad: «Después de esto, sabiendo Jesús que ya todo estaba consumado, dijo, para que la Escritura se cumpliese: "Tengo sed"» (Juan 19:28).

Ciertamente expresó que tenía sed. Esto nos habla de dolor físico. Siendo Dios, también padeció como hombre. La Biblia menciona que Él conoce bien cuando estamos desanimados, absorbidos por el cansancio físico o cuando nos aquejan las enfermedades, y que todo eso pretende impedir la búsqueda de Dios. Somos seres humanos, por cuanto también somos sensibles al dolor. Pero aunque en nuestra vida haya dolor, aflicción y enfermedad, tenemos al Padre Todopoderoso.

Ahora bien, hubo una sexta expresión exclamada por Jesús: «Cuando Jesús hubo tomado el vinagre, dijo: "Consumado es". Y habiendo inclinado la cabeza, entregó el espíritu» (Juan 19:30). Aun encontrándose Jesús extenuado, casi sin fuerzas, dijo desde la cruz palabras de victoria, que complementan su misión de sacrificio expiatorio. El Señor nos perdonó y, al decir esto, daba por concluida su misión de redención para toda la humanidad. Esto viene a ser el sello de garantía: al recibir a Jesucristo como el Salvador, entonces se es salvo. Llegará el día de su retorno y vendrá por los suyos los redimidos. Cuando esto ocurra, podrá decir: «Yo los gané y los redimí. ¡Vámonos!». Entretanto, los suyos clamamos ¡Maranata!

No todo el tiempo que transcurre será tiempo de sufrir. Si se está en Cristo, aunque se confronte adversidades, se podrá llegar al Reino en victoria. En el mundo no sucede lo mismo. Considere que en algún momento todo cambiará para bien, esto es, para los victoriosos por Jesucristo.

Entonces Jesús clamó por séptima vez. De su clamor a gran voz, se oyó: «"Padre, en tus manos encomiendo mi espíritu". Y habiendo dicho esto, expiró» (Lucas 23:46). Al acaecer la culminación de la obra redentora, Jesús mencionó la entrega de su Espíritu. Es cuando encomendó, dejándose ir al Padre, después de tanta agonía y prueba hasta la inmolación. Depositó su Espíritu en las manos amorosas de su Padre. Este acto sacrificial exhorta a que cada uno, por el amor a Cristo, debe con integridad ser una vida de entrega hacia el Dios Padre, porque Jesús vino al mundo como nuestro Salvador.

¿Se ha preguntado por qué el Señor oró en voz alta, pese a encontrarse en semejante padecimiento? Se pudiera decir que para que las personas lo escucharan orar, para darles a conocer que la voluntad del Dios de los cielos es que todos clamemos orando en voz alta.

De cualquier manera, su oración encomendando su Espíritu a Dios fue tan profunda, íntegra y llena de celo ardiente en fervor que se asemejó a su oración proclamada poco antes de su arresto en el huerto de Getsemaní.

# CAPÍTULO 8

## Origen del pecado

*«Y mandó Jehová Dios al hombre, diciendo: "De todo árbol del*
*huerto podrás comer;*
*mas del árbol de la ciencia del bien y del mal no comerás; porque*
*el día que de él comieres, ciertamente morirás"».*
(Génesis 2:16-17)

El origen del pecado se inicia con la desobediencia. En sí, esta disposición de ánimo es una manifestación de rebeldía, la misma que dio lugar al primer pecado en la historia de la humanidad. Los protagonistas principales de romper los reglamentos divinos fueron Adán y Eva en el huerto del Edén.

Las Escrituras enseñan que Dios había ordenado a Adán comer de todo árbol del huerto del Edén, pero prohibió comer del árbol de la ciencia del bien y del mal, adjudicando a ello una sentencia de muerte, como se puede leer en el epígrafe de este capítulo.

En este pasaje está de manifiesto que Dios se dirigió a Adán, por lo que más adelante en Génesis (3:1-5) deja ver la persuasión de la serpiente a Eva, quien se dispuso a la vulnerabilidad del engaño por parte de la serpiente astuta. Asimismo, en (Génesis 3:6), y de manera implícita, se refleja la curiosidad que sintió Eva de probar el fruto prohibido, el cual la serpiente le había ofrecido. En vez de rechazar la persuasión, Eva se sintió atraída por el fruto prohibido y comió de él.

En cuanto a Adán, deja entrever la carencia de voluntad o dominio propio, a pesar de haber recibido órdenes de Dios de no comer del fruto del árbol de la ciencia del bien y del mal. Adán puso a la vista su falta de dominio propio, pues accedió a la oferta de Eva, de modo que ambos comieron y pecaron.

Considerando la desobediencia como la raíz del pecado, cometido inicialmente por Adán y Eva, por este acto de rebeldía se originó la condenación de la humanidad. Tan cierto es que se exhorta en un pasaje bíblico que «[…] la paga del pecado es muerte, mas la dádiva de Dios es vida eterna en Cristo Jesús Señor nuestro» (Romanos 6:23), quien es el único y absoluto medio de la salvación.

La Palabra de Dios, a través de las Escrituras, es el canal que Dios utiliza para enseñar e instruir (véase 2 Timoteo 3:16). Si se vive de acuerdo con las Escrituras, entonces se recibe sabiduría de lo alto, proveniente de Dios, la cual prevé dominio a cualquier tentación; así como Jesús, quien fue tentado por Satanás, pudo vencer la persuasión del engaño con la Palabra de Dios (véase Mateo 4:1-11).

En cuanto a la desobediencia, se adjudica como el primer pecado de la humanidad, que se originó a partir de la rebeldía, la curiosidad y la falta de dominio propio. La causa, entonces, se debe a este mal proceder, por el cual la humanidad fue sometida a la esclavitud del pecado y de la condena a la muerte eterna, por lo que Jesús contuvo dentro de sí poder y gloria para conceder libertad al pecador.

Venció a la muerte en la cruz del Calvario y así ofreció la dádiva de vida eterna, a quien se atreva a creer en Él. Esta fe se sustenta en declarar y reconocer que Él es el Señor y que Dios lo levantó de los muertos. Las personas que no conocen esta verdad pecan deliberadamente por falta de conocimiento, mas los conocedores pecan por falta de comunión con Dios, al no orar y descuidar la lectura de la Palabra de Dios. Igualmente, alimentar los frutos de la carne está contra el Espíritu de Dios, y si las personas no presentan una condición espiritual estable en sus vidas, no tendrán la capacidad de discernir entre lo bueno y lo malo. Tampoco podrán experimentar la presencia del Espíritu Santo en sus vidas, por lo que la condición del dominio propio no prevalecerá y serán vulnerables ante cualquier tentación.

Es oportuno considerar que una persona de convicción espiritual firme, además fundamentada en la Palabra de Dios, no incide en la tentación del pecado, tampoco reflejará la flaqueza del ánimo, porque sabe que Cristo lo fortalece y le da la victoria ante cualquier incertidumbre.

Es muy acertado lo que la Palabra de Dios enseña: la mejor decisión que una persona puede hacer en toda su vida es la de escoger arrepentirse de sus pecados y entregarle su vida a Jesucristo, quien es el Salvador, el Cordero de Dios que quita los pecados del mundo.

# CAPÍTULO 9

## En rescate por muchos

*«Por eso me ama el Padre, porque yo pongo mi vida, para volver-*
*la a tomar. Nadie me la quita, sino que yo de mí mismo la pongo.*
*Tengo poder para ponerla, y tengo poder para volverla a tomar. Este*
*mandamiento recibí de mi Padre».*
(Juan 10:17-18)

El Señor Jesús, inmolado en la cruz, permite ahondar aún más en el valor de lo que significó el derramamiento de su sangre, con la cual se obtuvo la victoria en el madero del Gólgota. Es, pues, un requisito para quien alcanzó la salvación distinguir los términos en los que se implica el perdón de nuestros pecados, y que se lleva a efecto con la expiación, propiciación, redención y remisión de toda culpa.

Estos procesos están intrínsecamente comprometidos en la obra realizada por el Salvador. Lo que Cristo logró en la cruz es verdaderamente extraordinario y no tiene comparación alguna. El interceder en la cruz a nuestro favor, para abolir nuestros pecados, es una obra cuyo diseño es divino y de ninguna manera podría ser humana. No fue un hombre simplemente el que murió en la cruz, sino que Dios-Hombre, el eterno que solidariza a su nombre como Emmanuel, que significa: «Dios con nosotros».

Tampoco fue un ser creado quien murió en la cruz, sino que uno eterno, destinado desde antes de todas las cosas, tal cual lo declara el apóstol Pedro: «Sabiendo que fuisteis rescatados de vuestra vana manera de vivir, la cual recibisteis de vuestros padres, no con cosas corruptibles, como oro o plata, sino con la sangre preciosa de Cristo, como de un cordero sin mancha y sin contaminación, ya destinado desde antes de la fundación del mundo, pero manifestado en los postreros tiempos por amor de vosotros» (1 Pedro 1:18-20).

Si hubiese sido un hombre quien murió en la cruz, lo ocurrido habría sido un crimen o un martirio simplemente, y no una ofrenda en sacrificio voluntario. Cristo quiso morir por nosotros, a él nadie le quitó la vida, él la puso voluntariamente por nosotros (Juan 10:17-18). Veamos los siguientes incisos.

a) Cristo como nuestra expiación:

«Con todo eso, Jehová quiso quebrantarlo, sujetándole a padecimiento. Cuando haya puesto su vida en expiación por el pecado, verá linaje, vivirá por largos días, y la voluntad de Jehová será en su mano prosperada» (Isaías 53:10).

La mención de la palabra *expiación* en las Sagradas Escrituras apunta básicamente a la acción de cubrir el pecado. Es eso lo que justamente hizo nuestro amado Salvador: Él extiende un manto de justicia sobre nosotros para poder cubrir el pecado que nos impedía llegar a Dios. Es la eficacia de su sangre que encubre nuestras iniquidades y desaciertos.

Cuando el hombre participó del pecado en el jardín del Edén, según el Génesis, la vergüenza de su desnudez quedó al descubierto. Nada podía cubrir de forma eficaz aquella naturaleza caída, ni siquiera los delantales de hojas de higueras que Adán y Eva se vistieron a escondidas de Dios. Esta actitud denotaría que era el inicio de la separación del hombre y de Dios, pero además, el comienzo de la manifestación de la eterna obra de la salvación en Cristo.

Era necesario que alguien expiara nuestro pecado delante de los ojos santos de Dios. Esa era la misión de nuestro Señor Jesucristo y eso fue justamente lo que él consumó en la cruz del Gólgota.

Nadie, absolutamente nadie, podrá entrar a la gloria de Dios y anular aquella destitución, si sus pecados no son cubiertos bajo la sangre de Cristo: «Bienaventurados aquellos cuyas iniquidades son perdonadas, y cuyos pecados son cubiertos» (Romanos 4:7).

Toda persona que crea de todo corazón en el sacrificio salvífico de Cristo como único medio para alcanzar salvación, obtiene esta conmiseración de la expiación. Por la expiación, Dios ya no nos mira a través de nuestra atroz condición natural, sino que nos mira a través del manto de justicia de Cristo, a través de su perfección, de su dignidad y de su pureza. Sin expiación, ningún hombre puede ser salvo.

b) Cristo, nuestra propiciación:

«Y él es la propiciación por nuestros pecados; y no solamente por los nuestros, sino también por los de todo el mundo» (1 Juan 2:2). La palabra *propiciación* alude no solo a la acción de cubrir nuestros pecados, sino que trata con el trabajo de suavizar la ira santa del Dios Padre.

Bien sabemos que Dios es santo y que no admite el pecado, de hecho, le provoca una ira exaltada. Mucho se habla de que Dios es amor, pero poco se menciona que Él es el fuego consumidor. Dios ama a los pecadores, pero tiene aversión a nuestro pecado.

El autor de Romanos nos presenta con mucha claridad lo que Dios siente frente al pecado: «Porque la ira de Dios se revela desde el cielo contra toda impiedad e injusticia de los hombres que detienen con injusticia la verdad» (Romanos 1:18).

El pecado enciende el fuego de la ira santa de Dios. Por otra parte, el libro del Apocalipsis específicamente señala veintiún juicios que serán derramados a la tierra y que son muestra del furor de Dios frente al pecado. Dios no pasará por alto nuestras transgresiones. Su justicia demanda la muerte como paga del pecado.

Es en esta escena donde aparece la obra bendita de nuestro Señor Jesucristo, porque, al momento de morir en la cruz, la ira santa de Dios fue aplacada y de esta manera se reveló la esencia de aquella bendita propiciación.

No existió, no hay ni tampoco existirá una ofrenda más eficaz y más agradable a Dios, al extremo de apagar su ira, como la realizada por nuestro Señor Jesucristo en la cruz. Cuando Cristo muere, de aquella cruz se desprende la más agradable de las fragancias, la cual sube hasta el Dios Padre, lo que aplacó su ira y de una vez para siempre.

Cada persona que crea de todo corazón en el sacrificio de Cristo como único medio para alcanzar salvación obtiene la abnegada propiciación. En esta absolución ya no estamos bajo la ira de Dios. Sin propiciación, ninguna persona podría ser salvada.

c) Cristo, nuestra redención:

Por la gracia de Dios que sopesa a nuestro favor, es la redención que tenemos por la sangre derramada por Cristo. Los antecedentes que confirman este hecho se revelan en el siguiente versículo: «En quien tenemos la redención por su sangre, el perdón de pecados, según las riquezas de la gracia» (Efesios 1:7).

La palabra *redención* indica un acto de adquirir o comprar algo a través de la cancelación de un precio de rescate. Era imprescindible que alguien comprara nuestra libertad, y eso fue lo que hizo nuestro amado Señor y Salvador Jesucristo. Las Escrituras ponen de manifiesto: «Porque habéis sido comprados por precio; glorificad, pues, a Dios en vuestro cuerpo y en vuestro espíritu, los cuales son de Dios» (1 Corintios 6:20).

Cristo es nuestro redentor que pagó el precio de nuestro rescate. Él es el modelo de contradicciones; el mundo lo vendió por treinta míseras piezas de plata, pero él nos compró a un precio de su bendita sangre: «Para alabanza de la gloria de su gracia, con la cual nos hizo aceptos en el Amado, en quien tenemos redención por su sangre, el perdón de pecados según las riquezas de su gracia» (Efesios 1: 6-7).

Toda persona que cree de todo corazón en el sacrificio de Cristo como único medio para alcanzar salvación, obtiene esta bendita redención. De esta manera, ya no estamos esclavizados por el pecado y su condenación. Sin redención, ningún hombre puede ser salvado.

d) Cristo, nuestra remisión:

«Porque esto es mi sangre del nuevo pacto, que por muchos es derramada para remisión de los pecados» (Mateo 26:28). La palabra *remisión* denota el acto de devolver algo a su origen o de enviarlo lejos. El acto de remisión, en otros términos, significa tomar la carga del pecado y apartarla lejos. Como ya se señaló anteriormente, en el antiguo pacto la imagen misma de las cosas y la obra de Cristo en la cruz aparecen en medio de figuras y símbolos, pero en el nuevo pacto todo es hecho manifiesto con la muerte de nuestro Señor y Salvador Jesucristo.

El Señor Jesucristo fue el Cordero de Dios destinado, desde antes de todas las cosas, para derramar su sangre para remisión de nuestros pecados. Es importante precisar que no solo la sangre es lo indispensable, sino su derramamiento: «Y casi todo es purificado, según la ley, con sangre; y sin derramamiento de sangre no se hace remisión» (Hebreos 9:22).

Toda persona que cree de todo corazón en el sacrificio de Cristo como único medio para alcanzar salvación obtiene la remisión. De manera que cada pecado ha sido enviado lejos de la presencia de Dios. Sin remisión ningún hombre podría alcanzar la salvación.

Como pudimos comprender, y de forma sistemática, la causa de la salvación conlleva estas extraordinarias razones, que nos revelan que la sangre de Cristo es eficaz para cubrir nuestros pecados, para aplacar la ira santa de Dios, para librarnos de la esclavitud comprándonos a un alto precio y para enviar lejos todas nuestras transgresiones.

Con todo esto que Jesús hizo para concedernos la salvación, ¿cómo no hemos de postrarnos a sus pies y alabar al Señor, quien por su gracia nos confiere toda la garantía para la vida eterna, conforme a la riqueza de su gracia?

# CAPÍTULO 10

## Al tercer día

*«Mas gracias sean dadas a Dios, que nos da la victoria por medio de Nuestro Señor Jesucristo».*
(1 Corintios 15:57)

La resurrección es una victoria triunfante y gloriosa para cada creyente en Jesucristo, quien murió en la cruz por nuestras culpas, luego fue sepultado y al tercer día resucitó. Ahora el Señor fue recibido arriba en el cielo y se sentó a la diestra de Dios, conforme a las Escrituras.

Desde luego, y de manera implícita, Él vendrá nuevamente por los suyos. Los muertos en Cristo resucitarán primero, luego nosotros, los que hayamos quedado, por cuanto aguardamos su venida. Cuando acontezca el suceso, entonces seremos transformados y recibiremos nuevos cuerpos glorificados, como anuncia la Biblia en 1 Tesalonicenses (4:13-18): la venida del Señor.

Por eso tiene vital importancia la resurrección de Jesucristo, debido a que prueba que Dios aceptó el sacrificio de Jesús a favor nuestro. Asimismo, comprueba que Dios posee el poder de levantarnos de entre los muertos, lo cual garantiza que aquellos que crean en Cristo Jesús no permanecerán más muertos, sino que serán resucitados a una vida eterna. Esta es nuestra bendita victoria obtenida por quien murió, fue sepultado y resucitó al tercer día. La resurrección de Jesús venció el poder del pecado e hizo posible que vivamos libremente en victoria.

Múltiples son las razones por las que se adjudica la suma importancia de la resurrección de Jesucristo. Por medio de ella se puede testificar la omnipotencia de Dios. Dar fe en la resurrección es creer en Dios.

Sí, Dios es real y existe, y Él creó el universo. Indudablemente, domina y posa el poder en Él. Esto quiere decir que tiene entonces el poder de levantar a los muertos. Si Él no tuviese tal facultad de poder, no sería un Dios digno de nuestra adoración y fe. Pero los códigos bíblicos afirman que el Creador de la vida, quien es el Todo en todos, puede resucitar después de la muerte. Solo Él puede revertir la atrocidad que es la muerte misma y solo Él puede quitar el aguijón que es la muerte y dar la victoria sobre la tumba. En la resurrección de Jesús de la tumba, Dios nos recuerda su absoluta soberanía sobre la vida y la muerte.

La resurrección de Jesús es un hecho real, un testimonio para la resurrección de la humanidad, la cual es un principio básico de la fe cristiana. Esto marca la diferencia de todas las otras creencias y religiones. Solo el cristianismo tiene un fundador, que trascendió victoriosamente la muerte; asimismo, prometió que sus seguidores harían lo mismo, por lo cual no es uno más, sino el centro en cada vida redimida.

Todas las otras pretendidas religiones fueron fundadas por hombres, cuyo final quedaron en tumbas. Ahora bien, como cristianos somos confortados en el hecho de que nuestro Dios se hizo hombre, murió por nuestros pecados, fue muerto y resucitado al tercer día.

Pero la tumba no pudo retenerlo. Él vive y ahora está sentado a la diestra del Padre en el Cielo. Este es el Dios que profesa el cristianismo. Un Dios verdadero, que se humilló para hacerse como nosotros y poder rescatarnos del mal. Igualmente, Él se levantó de entre los muertos, ahora los suyos, su Iglesia viviente, se levantan en victoria y con poder junto a la cabeza viviente, que es en Cristo Jesús el Rey de gloria y victoria.

En la Biblia abundan pasajes que expresan de modo explícito el bien común por causa de la resurrección de Cristo, como también las advertencias, para quienes no lo aprueban. En 1 Corintios (15), el apóstol Pablo explica, detalladamente, el suceso de la resurrección. Según se reporta, algunos en Corinto no creían en la resurrección de los muertos, por lo que en este capítulo Pablo da seis consecuencias desastrosas si no hubiera resurrección.

Primero, no tendría sentido predicar a Cristo; por lo tanto, la fe en Cristo sería vana (v. 14). Esto posesionaria a todos los testigos y predicadores de la resurrección como mentirosos (v. 15).

Por otra parte, tampoco nadie pudiera ser redimido del pecado (v. 17). Esto quiere decir que todos los creyentes que nos precedieron habrían perecido (v. 18) y, de igual manera, los cristianos serían la gente más digna de compasión en el mundo (v. 19).

Pero Cristo sí se levantó de entre los muertos y «primicias de los que durmieron es hecho» (v. 20), Lo que asegura que lo seguiremos en la resurrección. Jesús representa las primicias de la resurrección de la muerte. Su resurrección precede a la pascua que todo creyente experimentará consigo (1 Corintios 15:20).

Todos los cristianos disfrutarán de una vida resucitada, es decir con cuerpos glorificados, lo mismo que el Señor Jesús (1 Corintios 15:42-44).

En la vida que nos toca vivir, es posible afrontar padecimientos de dolores, enfermedades, entre otras manifestaciones de adversidades, pero en la vida venidera no se sufrirá más, sino que se gozará de cuerpos perfectos y glorificados que, por ahora, durante el caminar cristiano, se aguarda con ansias y con fe la esperanza prometida. Esta implicación que es conllevada en la resurrección se sujeta igual al juicio venidero del mundo con Su justicia: «Pero Dios, habiendo pasado por alto los tiempos de esta ignorancia, ahora manda a todos los hombres en todo lugar, que se arrepientan; por cuanto ha establecido un día en el cual juzgará al mundo con justicia, por aquel varón a quien designó, dando fe a todos con haberle levantado de los muertos» (Hechos 17:30-31).

Un día, el mundo será juzgado por el proceder de los actos malos. Los que no creen, serán responsables de su desobediencia para con Dios; estos, adjudicados a la condenación de Dios, el lugar que les aguarda será el infierno.

Los creyentes serán responsables delante de Dios por las obras y la obediencia para con Dios; estos serán recompensados en los cielos según sus obras como creyentes.

La señal que Dios dio para confirmar su juicio fue la resurrección de Cristo Jesús de los muertos. Si alguno no cree en el Señor Jesucristo, la advertencia de este juicio debería traerle un temor profundo. Cada quien se enfrentará, pues, a la ira del Gran Dios, entonces padecerá una eternidad en el infierno recibiendo castigo por pecados concebidos. Pero este juicio no tiene que ser algo temible.

Hay una manera de obtener el perdón y vida eterna en Cristo, tan sencillo como arrepentirse de todo pecado y creer en el Señor Jesucristo. Cuando se acepta a Jesús, se recibe todos los beneficios de su resurrección.

Nuestra fe en Cristo es la conexión divina que nos une a Él y por Él al Padre, de manera que nos ayuda recibir el perdón de nuestros pecados para luego en victoria resucitar a la vida eterna con Él.

No desprecie la conmiseración de la gracia que Dios ofrece a la humanidad en Cristo, pues como Él mismo dijo: «Yo soy la resurrección y la vida; el que cree en mí, aunque esté muerto, vivirá. Y todo aquel que vive y cree en mí, no morirá eternamente» (Juan 11:25-26).

# EPÍLOGO

## Panorama de la cruz

*«Y nunca más me acordaré de sus pecados y transgresiones. Pues donde hay remisión de estos, no hay más ofrenda por el pecado».*
(Hebreos 10:17-18)

Sin la participación de la persona del Hijo de Dios, las Sagradas Escrituras carecerían de valor y razón de ser. Sin su muerte expiatoria de Jesús en la cruz, entonces la Biblia no señalaría diferencia alguna. Fue imprescindible llevarse a cabo el holocausto de Jesús, por medio de la cruz, en aquel Gólgota del monte Calvario. Únicamente así, al ser crucificado, abrió el camino de la salvación para toda la humanidad.

El suceso redentor tuvo que consumarse en esa forma. Estaba en los planes de Dios desde antes de la creación del mundo. Por esto es que en Hechos de los Apóstoles (4:12) se describe como tal: «Y en ningún otro hay salvación; porque no hay otro nombre bajo el cielo, dado a los hombres, en que podamos ser salvos».

Desde Génesis hasta Apocalipsis existe un hilo de sangre que atraviesa la historia; sangre que tiene el poder de expiar las culpas del mundo, y así fue, por medio del sacrificio del Cordero. Es de tal manera que prevalece la victoria en la cruz. Cualquiera que acepte y crea en Jesucristo, recibe el perdón de sus pecados y es salvado.

En cuanto al símbolo de la Cruz, la humanidad la reconoce desde hace dos mil años. Pero Cristo sustituyó el cruento significado, aplicada a la cruz romana, por el significado de la redención.

La cruz, acorde a la ley romana, representaba una expresión de inmolación despreciable. Tal es así que los mismos judíos consideraban esa clase de muerte como la más degradante, al extremo de la maldición (véase Deuteronomio 21:23).

Pese a ello, esa misma cruz fue el instrumento redentor para nuestro Señor. Su crucifixión en el patíbulo del madero fue sustituida por la cruz triunfante de muerte, sí, pero expiatoria y de bendición. El madero en el que fue colgado Jesús constituye ahora la cruz por la cual cada creyente alcanzó la bendición de victoria.

La cruz de Cristo es ahora el Evangelio que se predica; no obstante, para el mundo aún es considerada como una locura. Cristo lo protagoniza y todos sus seguidores lo anunciamos.

La cruz es el cumplimiento de la justicia de Dios. Cristo la cumplió y los creyentes la recibimos por la fe, la cual anunciamos como testimonio de las buenas nuevas consumadas en su obra redentora, y enclavada en la cruz del calvario. Esto es lo que se predica ahora llevando cada uno su cruz.

El yugo es nuestro ministerio entre los hermanos de la doctrina, reflejada así en Gálatas (6:2). Pero la cruz es nuestra misión en la tierra para alcanzar el objetivo del Evangelio, que son las almas, utilizando como instrumento la Biblia, que es la Palabra de Dios, cuya inspiración es guiada por el Espíritu Santo. De manera que la cruz equivale a ser igual, la persecución por justicia para salvación por amor al prójimo.

El efecto de la Cruz es evidente desde hace dos mil años, pero su origen es eterno, y Cristo ahora vive y está entre nosotros «todos los días, hasta el fin del mundo» (Mateo 28:20).

El señor Jesús ahora está sentado a la diestra de Dios Padre, ya no en la cruz del Calvario, por cuanto los cristianos no deben buscar a Cristo en la imagen de la cruz, sino buscarlo en oración al Cristo vivo, porque su espíritu mora entre los suyos hasta el fin de nuestras vidas. Su obra está consumada.

El centro del mensaje del Evangelio es lo que ocurrió en la cruz del Calvario. Es como se describe en la obra sacrificial del Hijo de Dios: sufriendo, muriendo y resucitando, para pagar así la deuda de nuestros pecados. Ahora el compromiso adquirido por cada cristiano es anunciar ese sacrificio, predicar el Evangelio y salvar las almas para Cristo. De tal manera el Dios Padre preparó el camino de la salvación desde el inicio de los tiempos. Por esto, se menciona el Génesis, porque en este libro se profetizó acerca de Jesús y del secreto oculto de la salvación para la humanidad, pero únicamente esa victoria profetizada se alcanzó por medio de la cruz.

«Y Jehová Dios dijo a la serpiente: "Por cuanto esto hiciste, maldita serás entre todas las bestias y entre todos los animales del campo; sobre tu pecho andarás y polvo comerás todos los días de tu vida. Y pondré enemistad entre ti y la mujer, y entre tu simiente y la simiente suya; esta te herirá en la cabeza y tú le herirás en el calcañar"» (Génesis 3:14-15). Por si hubiere alguno que aún no interpreta esta profecía: Cuando la Biblia en este pasaje expresa a la «serpiente», espiritualmente se interpreta al enemigo, que recae en la persona de Satanás.

Y «polvo comerás» representa a Satanás dominando al hombre, que fue hecho del polvo extraído de la tierra. De igual manera, cuando se menciona «mujer», se está refiriendo a Israel y su «simiente» se posesiona a Jesucristo.

La referencia que la serpiente le herirá en el calcañar denota que Jesús sería crucificado. En cuanto a la simiente de la mujer que herirá la cabeza de la serpiente, pone en efecto que Jesucristo destruiría el poder de Satanás y del diablo resucitando el Hijo del Hombre de manera victoriosa de entre los muertos.

La redención del mundo por medio de la crucifixión de Jesús es y será siempre el único camino de la salvación, porque este es el propósito de Dios, aun desde el inicio de los tiempos, y el propósito se cumplió al tercer día de la crucifixión.

Nuestra victoria en la cruz de madera de Cristo viene a llevarse a cabo cuando Jesús nos redimió de la maldición de la ley, haciéndose Él maldición por nosotros los pecadores, pues estaba escrito: «Maldito todo el que es colgado en un madero» (Gálatas 3:13).

Señor Jesús, la humanidad entera se postra a tus pies y

te agradece por el privilegio que nos diste y la bendición de ser hijos de Dios. Tuyo es el Reino, el poder y la gloria por los siglos de los siglos. Amén.

# APÉNDICE

## Portando la cruz

El Señor siempre ha separado a específicas personas, derramando su gracia, para que experimentaran en sus propias vidas especiales bendiciones y así sean testimonio y tomen parte en la historia bíblica. Un buen ejemplo es Simón de Cirene, pues le tocó cargar el madero de Jesús. Lo lógico hubiera sido que uno de los discípulos de Cristo hubiese sido el que llevara la cruz para ayudarlo hasta el Gólgota, la colina con forma de calavera, conocida también como Calvario.

Otras personas escogidas fuera del grupo cercano al Señor (Lucas 4:25-27) fueron la viuda de Sarepta de Sidón, a la que visitó Elías, o Naamán el Sirio, leproso limpiado por Eliseo. Sus corazones sí eran cercanos a Dios, como lo sería el de Simón de Cirene, cuya experiencia junto a Jesús cambiaría su vida para siempre, aunque no era todavía uno de sus discípulos.

Según la historia bíblica, Simón de Cirene es una figura de todos los creyentes, es decir, con los que Jesús comparte su obra, con quienes Jesús se hace nuestro compañero de sufrimientos y victorias en la vida, en la muerte y en la resurrección, y de quien nunca más nos separaremos. Como dice el salmista: «¿A dónde me iré de tu Espíritu? ¿Y a dónde huiré de tu presencia?» (Salmo 139:7).

En el momento en que llevamos su yugo, llevamos la carga espiritual de la mayor misión en la que puede participar el hombre, la participación en el establecimiento del Reino de Dios, universal y eterno, y esta experiencia transforma nuestro corazón.

Entonces, la unidad con Jesús es comprender su humillación y la nuestra, para gloria y exaltación; es la victoria del Rey de reyes en la mayor batalla jamás vencida; es compartir la lucha por amor a nosotros, de los hermanos, de Él, del Padre en el Espíritu.

Llevemos la cruz de Cristo, nuestra propia cruz, y el yugo del Cordero. No hay mayor privilegio. La victoria es por su mérito. Somos amigos del Rey del Universo, somos amigos personales del Hijo de Dios, del heredero de Dios y coherederos con Cristo. A Él sea la gloria y el imperio por los siglos de los siglos. Amén.

Esta historia testimonial sobre Simón de Cirene, narrada en tres de los Evangelios (Mateo 27:32; Marcos 15:21 y Lucas 23:26), nos lleva a otra de tantas situaciones en la que compartimos la intimidad espiritual con Jesús; pero es aquí, portando la cruz y hacia el Gólgota, donde a través de este personaje compartiremos uno de los mayores privilegios de un cristiano. Los tres evangelistas cuentan así estos instantes vividos por Simón de Cirene:

«Cuando salían, hallaron a un hombre de Cirene que se llamaba Simón; a este obligaron a que llevase la cruz. Y cuando llegaron a un lugar llamado Gólgota, que significa: "Lugar de la Calavera" [...]» (Mateo 27:32-33).

«Y obligaron a uno que pasaba, Simón de Cirene, padre de Alejandro y de Rufo, que venía del campo, a que le llevase la cruz. Y le llevaron a un lugar llamado Gólgota, que traducido es: "Lugar de la Calavera"» (Marcos 15:21-22).

«Y llevándole, tomaron a cierto Simón de Cirene, que venía del campo, y le pusieron encima la cruz para que la llevase tras Jesús. Y le seguía gran multitud del pueblo, y de mujeres que lloraban y hacían lamentación por él. Pero Jesús, vuelto hacia ellas, les dijo: "Hijas de Jerusalén, no lloréis por mí, sino llorad por vosotras mismas y por vuestros hijos"» (Lucas 23:26-28).

## Camino al Gólgota

Simón de Cirene venía del campo. Llegaba antes de lo habitual, porque se preparaba la fiesta en Jerusalén por la Pascua de los judíos, y él pertenecía a la sinagoga de los cireneos. Al llegar a la ciudad se encontró una multitud y soldados romanos llevaban a tres hombres para ser crucificados.

Los pensamientos de Simón estarían en desconcierto y sobresalto, como la de cualquiera de nosotros por aquel acontecimiento dramático, aunque fuera habitual, y más por la cercanía de la Pascua, por la tarde. Dejaría por un momento sus pensamientos al pasar cerca, tan cerca que se preguntaría:

—¿Por qué ese hombre va sangrando tanto y con una

corona de espinas? Nunca había visto eso antes. ¿Por qué le habrán hecho eso a este hombre, y a los otros dos no? ¿Quién será? No se le reconoce. Mujer, ¿quién es ese hombre?

—Es Jesús, el Mesías.

Jesús se cae con la cruz delante de Simón; no puede más, porque ya está muy agotado por el castigo, la tortura y el escarnecimiento.

—¡Pobre hombre!

De pronto, una mano golpea el hombro de Simón y le dice:

—¡Eh, tú!, ayúdalo a llevar la cruz hasta el Gólgota, vamos, rápido.

—Dios mío, ¿qué he hecho yo? ¿Por qué a mí? Yo no lo conozco, no es mi amigo, solo he oído hablar de Él.

Cogió Simón la cruz, llena de la sangre de Cristo, la cual se impregnaría en su piel, en su cabello, en su ropa, en sus manos. Se incorporó Jesús y, poniéndose a su lado, como en un yugo, lo miró.

La mirada amiga y de amor profundo de los ojos de Jesús se clavaría en el corazón de Simón, una mirada que jamás olvidaría, una mirada que borraría todo juicio, que le haría su mejor amigo, una mirada que emanaría fe.

La experiencia conmovedora de Simón podría expresarse de la siguiente manera:

—Mientras íbamos juntos, lo escupían, lo apedreaban, lo injuriaban, mientras Él se sacrificaba por ellos, y por mí. No entiendo nada, pero aquí estoy yo, bajo esta pesada cruz de este hombre que dicen que es el Hijo de Dios.

Ahora es mi amigo, mi mejor amigo. Iba a morir.

No sabemos lo que se dirían durante el ascenso, pero seguro que Jesús agradecería al Padre por aliviarle la carga y enviarle a Simón, el escogido para ello. La oración de Jesús por Simón, su compañero de carga, se expandiría en el cielo: «Abba, Padre, dale fuerzas a Simón, para que yo pueda cumplir tu obra, y dale fe para que crea en la obra de tu Hijo, guárdalo para mi Reino».

¿Qué le diríamos nosotros a Jesús si hubiéramos estado en la piel de Simón? Ahora sabemos la historia de Jesús y cómo ha cambiado nuestras vidas, pero entonces, sin saber sobre Él, no podemos conocer nuestra reacción.

Lo cierto es que la experiencia de ir con Él hubiera sido transformadora para nosotros: sus ojos, sus palabras, la gente alrededor, unos clamando y otros despreciando su presencia.

Hoy sí podemos decirle muchas cosas al Señor: gracias por salvarme, por amarme aun en mis pecados, por mirarme y llamarme, por hacer tu obra en mí cada día, por enseñarme cómo eres tú, como cambiar y crecer en el Espíritu para estar ahí para ti y para mis amigos y hermanos en Cristo.

Gracias por tantas cosas, por llevar esa cruz en mi lugar y por morir en mi lugar, por la resurrección y por la fuerza para vivir hasta que vengas, por cambiar mi corazón. Susténtanos en la fe, y guárdanos bajo tu sombra hasta aquel día.

Simón llegó hasta el final del trayecto y dejó la cruz en el suelo, lo apartaron y crucificaron a Jesús y a los otros dos hombres. Desde ese momento empezaría la búsqueda de respuestas, la oración de Simón a Dios, las preguntas a los que lo conocían.

Simón sería transformado, nunca más sería el mismo, su familia sería transformada y sus amigos al contar aquella experiencia de victoria redentora por la cruz de Cristo.

No se sentiría digno de haber compartido la cruz del Señor, del Mesías de Israel y del mundo, pero de seguro agradecería al Padre por aquel privilegio. Su hijo Rufo sería llamado al ministerio, el cual es mencionado por el apóstol Pablo en Romanos (16:13).

Entonces Simón buscaría a Jesús una vez descubierto que habría de resucitar y que aparecería a los apóstoles, o quizá ya el mismo Señor se hubiese manifestado en sueños o visiones a aquel hombre, que desde luego no fue elegido al azar, sino que antes de nacer había sido elegido para llevar la cruz de victoria de Jesús, y con Jesús, en la que salvaría a la humanidad, los que creen en Él. Sería un hermano recibido fraternalmente entre la Iglesia. Esta historia que presentamos bien podría ser la más aproximada a Simón de Cirene.

La esposa de Simón de Cirene, seguramente ya convertida, ya oraba por Él, lo cual podemos deducir por dos datos que la Biblia menciona: el primero es que sus hijos, Alejandro y Rufo, son conocidos por la comunidad, al ser mencionados en el Evangelio, y porque Pablo había encontrado en ella a una madre (Romanos 16:13). Sus oraciones no podrían haber sido respondidas de mejor forma que poniendo a su esposo bajo la cruz de su Señor.

La cercanía de Jesús en una circunstancia emocional, real, de tal magnitud, haría que aquella persona nunca más en su vida olvidara a su compañero de carga, una carga que a primera instancia le parecería ajena e injusta, pero imagínese lo que pensaría Simón cuando Jesús resucitó al tercer día.

Él mismo había ido llevando la cruz por la Dolorosa, hasta el Calvario, y allí lo vio ser crucificado. Y ahora aquel profeta estaba vivo, del que decían que era el Hijo de Dios. ¿Que hubiésemos hecho nosotros en aquella circunstancia si no hubiésemos creído en Él durante el tiempo en que estuvo muerto el Señor? Hubiéramos indagado hasta encontrarlo, hubiéramos buscado a los discípulos, o a su familia o a cualquiera que los conociese para averiguar de Él.

Una experiencia que haría que Simón comprendiera las palabras de Jesús a los apóstoles cuando nos enseñaba a llevar nuestra propia cruz; cómo Jesús mismo nos ayuda a nosotros a llevar la nuestra, no nos la quita, lleva la mayor parte del peso de la carga, como nosotros tenemos que llevar la mayor carga de hermanos que no pueden.

Muchas veces ayudar, compartiendo sus vidas, en lugar de juzgarlos y condenarlos. Cuando nuestro prójimo es una oveja herida o quizá quebrantada, ahí estaremos no mirando si son mejores o peores amigos, si nos caen mejor o peor, si son más o menos santos, nos bastará con saber que aman al Señor y que aman a los hermanos, porque todos tropezamos y fallamos.

Muchas veces llevaremos la carga de algún hermano cristiano, con la esperanza que da Dios de levantar vidas caídas, aunque sea difícil, porque Cristo no nos dejará solos en esta labor. Ahí está Él, a nuestro lado, en la vida, en esta gran tribulación que se llama vida en la tierra, cual quebrantamiento que viene a ser la antesala de la vida eterna.

De manera, pues, que podemos enfocarnos en diferentes visiones de la cruz. Una de estas visiones sería la imposición de llevar la cruz de Jesús hasta el Calvario, lo que equivale a decir: ¿qué reacción tenemos cuando tenemos que llevar el Evangelio a los demás y cuando nos piden ayuda?

Es oportuno también mencionar la actitud de los malhechores durante el suceso de la crucifixión. La actitud de uno de ellos detrae, difama e injuria a Cristo. Su acción denota soberbia, incredulidad y deshonra.

La visión del segundo malhechor, contraria a la primera, le pide a Jesús que se acordara de él cuando fuera a su reino. Este segundo hombre recibió por respuesta que ese mismo día estaría con Él en el paraíso.

Estos dos hombres son las dos actitudes del hombre ante el «Día del Juicio»: una, la de despreciar la salvación por la sola fe, y la otra la de reconocerse pecador, arrepentirse y clamar misericordia.

No obstante, se puede observar otra visión, y es ante la Cruz de Cristo que da su vida por nosotros y nuestra relación personal con nuestro Salvador desde el momento de entender que Él ha muerto en nuestro lugar, que deberíamos ser nosotros y no Él los que estuviéramos en aquella Cruz.

Todas ellas comienzan en una calle, en Jerusalén, hace

casi dos mil años, cuando el Hijo de Dios fue cargado con una cruz que llevaría junto a un hombre, que nos representa a todos, y este es Simón de Cirene.

La carga de la cruz es el yugo de Cristo, el cual nos invita a llevar con Él, del cual nos describe el mismo Señor su ligereza y facilidad de llevar debido al poder más grande que nos da Dios: el amor de Cristo. El yugo es una pieza de madera, que, como todos sabemos, sirve para que dos bueyes de carga tiren juntos.

Pues bien, ese yugo es la misma cruz puesta en horizontal donde las dos partes que servirían para clavar las manos del Mesías fueron puestas sobre los hombros de cada uno de los dos hombres, Jesús y Simón, cuando este fue obligado a ayudar a Jesús a llevar su cruz. De manera que aquella obligación se convertiría para Simón en un privilegio; de igual manera, debería ser un insondable privilegio para quien decide llevar la cruz de la victoria junto a Cristo.

No es necesario decir que nuestra cruz no nos salva, de ninguna manera estaríamos salvos, sino la del Cordero de Dios, el llamado «Yahshua», el Mesías, y que por lo tanto la salvación no la aporta nuestra ayuda, nuestro testimonio ni nuestro esfuerzo espiritual, sino la vida del Hijo de Dios dada y resucitada.

Pero Jesús ha dejado para su esposa, la Iglesia, una parte de la carga, como lo dice la Escritura: «Ahora me gozo en lo que padezco por vosotros, y cumplo en mi carne lo que falta de las aflicciones de Cristo por su cuerpo, que es la iglesia» (Colosenses 1:24).

Llevar la cruz de Cristo significa llevar Su testimonio,

predicar el Evangelio, hacer «sacrificio de alabanza, es decir, fruto de labios que confiesan su nombre» (Hebreos 13:15), ser la sal de la tierra y la luz del mundo, proclamar su obra entre los hombres, hablar en los lugares y circunstancias en los que nadie habla de Dios sino de las vanidades, del lucro y de la carne, defender por amor de ellos la salvación del alma y el arrepentimiento, publicar un tipo de conversación que no le gusta a la mente humana, porque la condena, porque le anuncia su caducidad y necedad.

Además, la cruz de Cristo implica llevar el sufrimiento que Él lleva, viendo las almas perderse porque lo aborrecen a Él y a nosotros, por ver a la humanidad destruirse, a las personas dañándose mutuamente, por dominar, por envidiar, por poder, por prevalecer, por odiar; todo lo contrario al amor de Dios. Todo eso ha sido clavado en la cruz en aquellos que lo aceptan como Salvador para cambiar sus corazones.

La cruz de Cristo implica que seremos aborrecidos, perseguidos, algunos asesinados, como ya está ocurriendo en estos días en los cuales nos toca vivir. De todos modos, cualquier tribulación advenediza siempre será para la gloria del Señor, algo distinto al Evangelio del bienestar, la prosperidad económica y las bendiciones que hoy buscan las multitudes en algunas iglesias espectáculo.

Los cristianos somos llamados a llevar nuestra propia cruz por amor de Cristo, y por amor de los hermanos, lo vemos en Gálatas (6:2) y en 1 Juan (3:16-17). Este es nuestro sacerdocio el que fue adquirido de Melquisedec, sacerdote para siempre, nuestro Señor Jesucristo, por quien y en su cruz obtuvimos la victoria de salvación y vida eterna.

En cuanto a la historia de Simón de Cirene, simboliza la vida de cada cristiano junto a Cristo para su gloria; al fin y al cabo, de Él fue la victoria y no porque nos obligue la religión, el dogma o la creencia, sino por amor a Él y a aquellos que Él amó y por los que murió.

Es un acercamiento a la presencia del Señor en el Camino al triunfo eterno del Señor. Es caminar el camino de la cruz la que debía haber sido nuestra ascensión para ser condenados, y que en nuestro lugar se ofreció Él; un símbolo que fue visto ya en Abraham cuando tuvo que ofrecer a Isaac, que fue sustituido por un cordero, Cordero de Dios que quita el pecado del mundo.

Cireneos, una pequeña comunidad; Simón, un privilegiado judío que el Señor llamó para que recibiera la salvación del verdadero Mesías, para que hoy nosotros tengamos testimonio y alimentemos nuestro espíritu con una experiencia de aquella magnitud, que nos acerca a Jesús, a enfrentarnos al momento de nuestra muerte, para descubrir que el Señor mismo estará con nosotros, también en aquel día en que seamos llamados para ir con Él, y con Él en su venida, en el arrebatamiento ascendiendo al cielo en alabanzas, llenos de júbilo al reino eterno, a las moradas que nos está preparando dentro del corazón del Padre, para que lo afrontemos con confianza.

Ahora, pues, como se afirma en Colosenses (1:24), gocémonos en lo que padecemos por nuestro amado Señor Jesucristo, y en lo que padezcamos unos por otros, y cumplamos en nuestra carne lo que falta de las aflicciones de

Cristo por su cuerpo, que es la Iglesia.

La gloria y la honra sean a nuestro Señor Jesucristo. El Señor viene, y viene pronto, tal como se expresa en lengua aramea *Maranata*: «Ven pronto, Señor».

Amén.

# NOTAS Y REFERENCIAS

*A la Sombra de la cruz.* Teología. Glenn N. Penner. 2007.

*Crecimiento en la vida cristiana.* Editorial Doulos. 2002.

*Diccionario teológico de la Biblia.* Walter A. Elwell. 2005.

*El Cordero Inmolado.* Eliseo Rodríguez Matos. 2006.

*El mensaje de la cruz.* Dr. Jaerock Lee. 2011.

*La visión de la cruz a través de las Escrituras.* John Philips. 2005.

*Propiedad de Cristo.* Joseph Danschin. 2016.

Las referencias y citas bíblicas se tomaron de la Santa Biblia. Versión Reina-Valera 1969© por la Sociedad Bíblica en América Latina.

# CITAS BÍBLICAS

Introducción:
- 1 Pedro 3:15
- Isaías 9:7; 53:3-7

Victoria de Cristo en la cruz
- Colosenses 2:14-15
- Hebreos 2:9,14-15,26
- Juan 3:16,18
- Romanos 5:8; 8:37

Significado de la cruz
- 1 Corintios 2:2
- Deuteronomio 21:23
- Filipenses 2:6
- Gálatas 3:13; 6:14
- Lucas 9:23
- Marcos 10:45
- Romanos 12:1

El mensaje de la cruz
- 1 Corintios 1:17-25
- Ezequiel 18:20
- Isaías 64:6
- Juan 1:29; 3:16; 15:13
- Marcos 15:26,32
- Mateo 28:18-20

- Romanos 3:23,24; 6:23

Crucificado con cristo

- Colosenses 2:14
- Filipenses 2:5,9
- Gálatas 2:20; 5:24; 6:14
- Romanos 12:1-2
- Santiago 1:14

Morir para poder vivir

- 2 Corintios 5:17
- 2 Timoteo 1:8
- Hebreos 12:6
- Juan 3:3-9; 12:24-25
- Marcos 13:31

Locura para los que se pierden

- 1 Corintios 1:18; 2:12
- Juan 3:14
- Mateo 27:51-54

Clamor desde la cruz

- Hechos 4:12
- Isaías 53:7
- Juan 12:25; 14:16-26; 19:26-30
- Lucas 23:34,43,46
- Marcos 15:34
- Mateo 6:12; 28:20

Origen del pecado

- 2 Timoteo 3:16
- Génesis 2:16-17; 3:1-5

- Mateo 4:1-11
- Romanos 6:23

En rescate por muchos

- 1 Corintios 6:20
- 1 Juan 2:2
- 1 Pedro 1:18-20
- Efesios 1:6-7
- Hebreos 9:2
- Isaías 53:10
- Juan 10:17-18
- Mateo 26:28
- Romanos 1:18; 4:7

Al tercer día

- 1 Corintios 15: 12-20,42-44,57
- 1 Tesalonicenses 4:13,18
- Hechos 17:30-31
- Juan 11:25-26

Panorama de la cruz

- Deuteronomio 21:23
- Gálatas 3:13; 6:2
- Génesis 3:14-15
- Hebreos 10:17-18
- Hechos 4:12
- Mateo 28:20

Portando la cruz

- 1 Juan 3:16-17
- Colosenses 1:24

- Gálatas 6:2
- Hebreos 13:15
- Lucas 4:25-27; 23:26-28
- Marcos 15:21-22
- Mateo 27:32-33
- Romanos 16:13
- Salmo 139:7

# ACERCA DEL AUTOR

Joseph Danschin es maestro de Teología, autor de varios libros, artículos y documentales enfocados en temas teológicos, evangélicos y confesionales a las Escrituras, que promueven la fe y que aluden al crecimiento espiritual. En el presente es miembro en las Asambleas de Dios en la Iglesia Cristiana La Gloria de Dios Internacional, en la ciudad de Hialeah, Florida.

Cuenta en su haber obras tales como: *Con Dios en mi corazón; Para vivir sabiamente; Transformados por su luz; Llenos del Espíritu Santo; Llenos de gracia y verdad; Propiedad de Cristo, conexión divina; Victoria en la cruz; Forastero en Jerusalén.*

www.ingramcontent.com/pod-product-compliance
Lightning Source LLC
Chambersburg PA
CBHW071058040426

42443CB00013B/3367